大是文化

不會背叛你的K書竅門

절대 배신하지 않는
공부의 기술

只要14天，再弱的科目都有救。
韓國考生最推崇的讀書導師分享：
大學、研究所、國考、證照考必備！

「韓國最會讀書考試的醫生」、
擁有 27 萬訂閱者的讀書型 YouTuber
李相旭 —— 著
楊筑鈞 —— 譯

目錄

第二章 讓我成功考取醫科的最強讀書計畫……061

第三章 從多種讀書方法中，挑一種最適合你的……119

第四章

結語

推薦序一
你不能不知的K書竅門

親子教育家、建中資深名師／陳美儒

作者李相旭畢業於韓國三大名校之一的高麗大學，後來考取了醫專所，如今在韓國江南開設皮膚科。

現在的他，除了擔任自己診所的院長之外，他更是一位擁有二十七萬訂閱者的讀書型YouTuber，頻道總觀看次數更突破兩千萬次。

《不會背叛你的K書竅門》是作者現身說法，告訴所有在學者或上班族，如何在泥淖難行的學習路上「逆轉勝」，教你如何靠努力在十四天內，完成讀書習慣大改造的祕訣。

根據《世界日報》（*World Journal*）刊載，二〇二〇年韓國統計局公布的一份數據報告顯示，家中有國中至高中生的父母，每年所投資孩子的補習費，換算成新臺幣約五千八百三十億元；八〇%的國小生會在課後補習；近七〇%的國中生每天補習至深夜十一點。從國小、國中到高中，每個孩子的補習費至少要花掉新臺幣十五萬元左右。

在韓國，所謂的「名校思想」是十分嚴重的，三大名校首爾大學、高麗大學、延世大學，合稱為SKY大學*，獲得SKY大學畢業證書，就等同於拿到了「人生勝利組」的門票；而韓國教育部卻認為，大約只有二%的少數高中生，能獲得此通往人生勝利組的門票。

「青青子衿，悠悠我心；但為君故，沉吟至今。」歲月遞嬗，物換星移，在建中紅樓這百年大校，我已教育來自各國中菁英的狂狷少年近四十年。

明明每個學生都是考進他們的第一志願，可是一學期下來，還是可以排出首名和末位。與學生相處時，我發現他們最常遇到的問題是，大學科系的選擇和父母的期待相背，再來就是總有孩子一臉愁苦的告訴我：「老師，是我比別人笨嗎？為什麼我幾乎整天都在念書，可是考試永遠落後好多同學。看，大明一下課就玩手機遊戲，卻永遠考得比我好！」

當孩子遇到困擾，我總先為他泡上一杯咖啡，再一起來梳理平日讀書的方法、時間的安排和個人學習心態、自尊、毅力。

感謝本書作者的不藏私，他為所有為學習困擾的學子提供了他的「祕方」。

一、你清楚自己能消化多少進度的分量？

二、知道各個科目有什麼適合自己的讀書法。

三、當天念過的內容，一定要在睡前複習一遍。

四、在念完今天設定的進度之前，絕不離開桌前。

五、制定長期、中期、短期計畫表，讓大腦熟記。

六、盡可能遠離電子裝備，創造可以讓自己投入的學習環境；進而提高學習自尊感，才能在備考生活中堅持下去。

如果考試迫在眉睫，首要選擇最弱的兩個科目來加強。在屬於個人的精要筆記上，只寫三樣東西：重要的部分、背不下來的部分和答錯的部分。

不要嫉妒全校第一，反而要跟對方學習怎麼念書、如何利用休息時間及上課的態度。

作者強調：「努力絕不會背叛自己。」為了幫助許多讀書讀到十分疲憊的考生們，作者開設了YouTube頻道，毫無保留的傳授他二十年來的努力和念書技巧。

我全力推薦《不會背叛你的K書竅門》，為沒信心、考試挫敗的無數學子，提供最確實可行、「逆轉勝」的良方。

---

*SKY指的是韓國三大名校：首爾大學（Seoul National University）、高麗大學（Korea University）及延世大學（Yonsei University）。

推薦序二

被天分遺棄的我們，選擇做努力的天才！

暢銷作家、Super 教師／歐陽立中

你還記得上一次拚命努力是什麼時候嗎？我永遠記得，是自己在準備考研究所的時候。我大學讀師大國文系，研究所想考臺大中文所。

但要知道，準備研究所考試是一條非常孤單的旅程，因為不像高中考大學，身邊每個同學都得考，所以大家讀書作伴；也不像過去學校還會安排模擬考，讓你知道自己目前的實力，距離目標還有多遠。

放眼望去周遭的大學同學，各有對未來的盤算，有人打算先畢業再說、有人忙打工、有人準備就業、有人享受著大學最後的愜意時光……而我是少數幾個要拚考研究所的熱血傻瓜。

正因為這段經歷，讓我在讀《不會背叛你的K書竅門》時，特別有共鳴。我們都是被天分遺棄的人，因此選擇成為「努力」的信徒。說起作者李相旭的人生，簡直宛如小說般精采。

他的志向是成為醫生，但考了兩次醫學院皆落榜。一般人遇到這樣挫敗，除了自怨自艾也別無他法，但挫敗是他最好的老師，他分析失敗、改良K書方法。後來如願成為醫生。

他走過落榜的低谷，更明白努力讀書卻求而不得的痛苦。所以後來，他開設 YouTube 頻道分享K書技巧，還寫了你現在讀到的這本《不會背叛你的K書竅門》。如果你正因考試，準備到懷疑人生，我非常推薦你先好好讀這本書。

首先，這是一本「有靈魂」的書。作者不是要你成為K書機器，棄絕一切。相反的，在書的一開始，作者不斷帶你思考努力的意義。我特別喜歡作者說的一句話：「努力不是人生的車站，而是指南針。」如果只是把考上當成學習的終站，那這人的學習之心，其實已經死掉了。努力的意義是什麼？是對自己擁有未來可能性的信任，相信人生操之在己、相信我命由我不由天。

再來，這是一本「給方法」的書。說起讀書準備考試，我們都知道要筆記、要複習、要訂正。但是怎麼筆記？怎麼複習？大家卻像是瞎子摸象，全憑個人感覺，最後落得無效努力。

作者給出的方法非常厲害，叫做「1／4／7／14讀書法」，藉由每天更新「進度」和交錯「複習」，鞏固知識，把短期記憶轉化成長期記憶。讀到這方法時，我拍案叫絕，巴不得自己再重回考場實踐看看。可惜我沒機會了，但你未來還有無限可能。

最後，這是一本「找自我」的書。我常說，不要成為只會讀書的混蛋。讀書考試是人性的修練場。有人迷失於成績，變得畏畏縮縮；有人迷戀於排名，變得孤傲不群。

但作者看得通透，不斷提醒你：「用低姿態學習，不要只認為自己是對的」、「記得尋找日常生活中的幸福快樂」、「相信自己會比過去更好」。

也許此刻，你正坐在空蕩蕩的圖書館，面對堆積如山的書、密密麻麻的筆記。眼神也許堅定，但心裡難免寂寞。那麼，就讓這本書陪伴你吧！記住，你是努力的天才，完成夢想只是遲早的事。

推薦序三

樹立目標，分切再重複就能成功

《節稅的布局》及《重複的力量》作者、信達聯合會計師事務所所長／胡碩勻

《不會背叛你的K書竅門》作者是現職醫生，也是「讀書型的YouTuber」，表面看起來違和，其實就如作者所說的，醫生這個職業是更需要終身學習的，而如我本身職業是會計師，也一樣須與時俱進學習新知，不斷進修。

比如我的著作《節稅的布局》自二〇一九年出版至今，因為稅法每年都在更新，我也跟著改版了三次。

學習是人生中不可或缺的部分，我們想學習的東西難易不一，有時須耗費許多時間，但學習時間一久，很容易覺得枯燥，讓人無法持續下去。作者依自身經驗提出「1／4／7／14讀書法」，透過反覆、結構化學習，改變自己運用時間的技術，達成自己的夢想或目標。

其中作者提到若希望努力獲得回報，必須有兩種原料：一個為夢想和目標，並樹立小目

標，積累成就經驗，如每天制定「剛好能做到」的目標。而夢想和目標越具體明確，成功的機率就越高；另一個就是習慣，透過反覆，把短期記憶變成長期記憶，塑造身體記憶，記憶的身體會養成習慣，而習慣會造成結果。

另外，如想一口氣改變原本的習慣，除了心理壓力大，只靠意志力也很難成功。但若透過每天改變一%，花一百天改變一〇〇%後，就可以養成新習慣。

看到這，我才了解為何出版社會找我寫推薦序。這剛好與我的另一本著作《重複的力量》當中的核心方法「重複計數法」不謀而合，因為透過「重複」，可以堅定意念、產生信心、克服恐懼、鍛鍊專業及養成習慣，讓夢想實現。

我來替大家整理一下「重複計數法」的關鍵三步驟：

1.明確目標：寫下「願景單」，與自己簽約，明確的目標讓你知道該往哪裡去，讓人有持續前進的動機。

2.目標計數：針對要學習的目標，設定重複目標數量，當我們有訂定目標數量，會更容易持續做下去，就不會盲目、不會無目的的漫駛。

3.階段目標、**階段獎勵：**階段目標加上階段獎勵，即把龐大數量的計畫，分成好幾個階段目標數量，並在各階段目標設定小小獎勵，心裡會輕鬆許多，不會覺得登天難，進而逐步完成，到達終點。不論是學習、準備考試、養成習慣、登百岳，或是用在工作上，皆可試著實施「階段目標、階段獎勵」的好處。

「工欲善其事，必先利其器」，現在你有了《不會背叛你的K書竅門》，透過重複的方法，相信會讓你的夢想及目標成功實現！

推薦序四

你不是不愛學習，只是還沒找到方法

作家、新北市丹鳳高中圖書館主任／宋怡慧

記得有個專訪職業棋士黑嘉嘉的標題是：「努力不一定會成功，但努力之後，是絕對不會有任何遺憾的。」當時，我被黑嘉嘉的堅毅與熱情感動到熱淚盈眶，真心感受到一個人全神貫注於學習，就能進入心流，展現強大的實力與自信。

如觸電般的心情又再次回訪——這次是閱讀李相旭《不會背叛你的K書竅門》，我也被作者的學習信念給震懾住：「你要相信自己是學習的強者，你才會變成真正的學習者。」

上天沒有給作者一條人生的坦途，反讓他在學習的路上跌跤受苦，但這樣生命淬鍊，卻讓作者看似灰燼的學習壤土綻開一朵學習的芳馨。這段邁向卓越醫師之路的經歷，不只勵志人心，也是建構學習渠道的示範。

作者的學習心法與套路，鼓舞每個為自己努力的人，原來努力不會背叛自己，任何願意吃苦努力的學習者，都值得成功來敲門。

莊子曾說：「吾生也有涯，而知也無涯。」面對浩瀚的知識汪洋，我們如何把握時光，好好學習，儼然是有限生命要解決的重大問題。作者首先提出制定計畫的重要，內容不只要明確清楚，還必須採取大目標、中目標、小目標的切割方式。且每次設定能負荷的七到八成學習量，先讓自己準確提升完成度，並讓成功的高峰經驗，帶給我們繼續嘗試的企圖與動機。書中還與讀者分享一週計畫表的分割示例，讓讀者一目瞭然，又能輕鬆的按圖索驥，確實擬定目標與執行方式。

如果，今日的新進度讀完了，你知道何時複習可以事半功倍？作者提出系統化的學習步驟，服膺學習本質的策略——堪稱地表最強的「1／4／7／14 讀書法」，讓讀者能在全然努力的旅程輕鬆學習。他的 YouTube 頻道教大家如何讀書，至今頻道總觀看人次超過兩千萬人，在韓國蔚然成為新型的學習風潮。

我非常認同書中提到的這一點：睡覺前一定要複習當天學到的東西，只有不斷複習才是學習的王道。這的確是為我們找到德國心理學家赫爾曼・艾賓浩斯（Hermann Ebbinghaus）遺忘曲線的解決之道，透過刻意復習，日積有功的達成讓學習的知識能有效的進入長期記憶區，更是逐步帶領讀者走向學習的美境。

你知道如何讓自己的努力看到明顯的躍遷？原來，透過目錄掌握結構，還有留白讀書法，可以讓學習和復習相輔相成。原子筆、淺色螢光筆、深色螢光筆，三者具有什麼巧妙的運用方式？原來，這和精華筆記只能寫三樣東西有關。

如何透過感官刺激來幫助自己學習？你明白念文科有文科的做法嗎？念理科有理科的策略嗎？如何打造沒有３Ｃ設備干擾的學習環境，讓自己減少誘惑，增強專注力？

這些你想知道的答案，書中都會一一為你解惑。同時，每篇章節之末，還會貼心推出「不會背叛你的Ｋ書竅門」來統整重點，幫讀者提綱挈領似的提點學習方針。

如果你想向強者靠攏，或想為自己打造一套有效率的學習流程，這本書會讓你知道：你不是不愛學習，你只是還沒找到方法。

跟著李相旭的Ｋ書竅門一起來實踐，不只能為你建立強大的學習意識，還會讓你找到絕對會成功的讀書習慣，最重要的是，按部就班的實踐方法，「每天讀兩小時的書」的信念，讓你成為熱愛學習、懂得融會貫通的真正學習者。

前言
只要十四天，養成不會背叛你的讀書習慣

我的職業是醫生，並利用空閒時間經營讀書型 YouTube 頻道「正能量 tori 派」。許多病人對我的「醫生」和「YouTuber」兩種不協調職業組合感到好奇。但是大家可以想想，還有比醫生這個職業更需要終身學習的嗎？

醫生和學習其實有著密不可分的關係，現今醫療技術日益精進，要想趕上國內外發表的論文，以及讓自己能應付各種病人的狀況，醫生們只能努力抽出時間自我精進。因此，對我而言，學習是必做的事，當我選擇當醫生的瞬間，也下定決心當個一輩子都要持續努力學習的人。

簡單來說，我會選擇經營網路頻道，是因為「獨自學習很孤單」。

在黑漆漆的凌晨獨自起床讀書；想利用幫病人看診的空檔讀書；下班後，等家人睡著時再悄悄走到書房，統整一天下來的學習內容……以上這些情境，其實都需要強而有力的學習

動機，因為讀書的孤獨只有身歷其境的人才能體會。

現在我自己開設了皮膚科，但不是因為我頭腦好或家裡環境好。過去，我的父親因為受到欺騙，導致家中經濟一落千丈，我連買題庫的錢都沒有，後來雖然考上了大學，但該科系不是自己想讀的，為了念自己喜歡的科系，我再次成為考生。

後來我考上醫學專門研究所（後文簡稱醫專所），但為了取得醫師執照，我幾乎住在圖書館裡；幾年後，又為了挑戰美國醫師執照，我再次成為考生。總而言之，即使現在已經成為正式執業醫生，對我而言，學習始終沒有盡頭。

只要和書打過交道的人都知道，讀書過程有多麼孤獨，因此我開始經營 YouTube 頻道，想和其他獨自學習的人交流，彼此分享自己所積累的Ｋ書方法，在某人想放棄的時候，就拍拍對方的肩膀，鼓勵他：「你一定能做到。」

就這樣，我成為了「讀書型 YouTuber」，在過去的幾年間，和許多訂閱者見面並對話。隨著影片的訂閱者增加，除了考生以外，連上班族考生們也開始透過留言和電子郵件，向我諮詢他們的煩惱。

雖然有些訂閱者告訴我，他們按照我獨創的「1／4／7／14讀書法」，反覆學習後通過考試，但也有許多人向我透露，他們因為長期準備考試，而變得缺乏自信。

我的訂閱者裡，有和朋友一起玩樂、虛度光陰的十多歲學生，也有已經兩度落榜的二十多歲考生，還有邊上班邊在週末上網路課程，準備公務員考試的三十多歲上班族。

我忽然發現，他們的煩惱幾乎包含以下幾點：

「人家說有志者事竟成，但為什麼我卻是這樣？」

「我付出這麼多努力，如果沒得到好結果，要怎麼辦？」

「我不知道該怎麼努力，就算知道讀書方法，又真能實踐嗎？」

「這個世界是要我放棄嗎？好像越努力越得到反效果。」

「努力也是一種才能嗎？看到很努力的人，覺得他們好像是天生就能這麼努力。」

以上這些問題，就是不信任「努力」。我沒想到有這麼多人會貶低自己的努力，雖然「努力就會成功」這種說法很抽象，但如果連你都不相信自己，不就否定了自身的存在和人生意義嗎？

但是，努力的標準又是什麼呢？到底要努力多久？難道要像韓國俗語「四當五落」（睡四個小時就及格，睡五個小時就落榜）這句話一樣，將睡眠時間當作標準？或者和第一名的人一樣拚命的話，就是努力？

決心要努力的人會很好奇，要做到什麼程度才能稱之為努力？

我也曾經對努力產生懷疑，看著朋友走向康莊大道，自己卻得獨自面對重考，又因為沒考上喜歡的科系，總覺得輸人一截。大學時期的我，總是沉浸在挫敗感中，甚至看見似乎沒有自己努力的朋友，在考試中獲得好成績時，還會因為嫉妒而備感焦慮。

每當此時，我都會想起母親對我說的話：「你這麼努力，如果還不能成功，還有誰能成功呢？雖然我們家的經濟狀況不好，但只要你想學什麼，媽媽都會想辦法，所以你千萬不要放棄，想怎麼讀就怎麼讀吧。」雖然她沒有明確告知我該如何學習，但因為母親的那番話，讓我沒有放棄學習，沒有失去「盡最大努力」的心，她讓我知道，這世界上有人真心支持我，讓我覺得自己有無窮的可能性。

我就這樣帶著自信環顧周遭，發現努力的人們最真實的面貌。我指的是那些一直以來被認為生活隨便的人，背後所隱藏的努力。到目前為止，我遇過許多很會讀書，在社會上很成功的人，若問他們成功的祕訣，答案都是一樣的——每天都盡最大的努力。

例如，我有一個愛騎摩托車到處跑，幾乎不來上學的氣派朋友，受到我的刺激，經過三次重考後，終於考上慶熙大學；有個朋友上課一直睡覺，在全校三百五十名學生中，從來沒進入過前三百名，他在重考後考上了漢陽大學。事實上，穿著白色大褂，為病患看病的我，本身就是努力獲得美好回報的最佳範例。

為此，我寫下了這本書，我想告訴那些下定決心要努力，但時間不夠或者是想要更有效學習的人，要如何充滿趣味的讀書以及如何堅持下去。

這本書的第一章「相信我，努力絕對不會背叛你」中，我會先指出大家努力K書之後，準備考試卻失敗的原因和問題。

在第二章「讓我成功考取醫科的最強讀書計畫」中，我會正式傳授讀書的方法。我整理了從國、高中的六年開始，讀完大學和醫專所，到成為正式醫生，接著挑戰美國的醫師執照，過去二十多年來積累的祕密武器。

讀書沒有捷徑，不可能有什麼獨有的妙招，但我所制定的「分割」和「反覆」概念的讀書法，絕對能夠成為你的「及格製造機」，尤其是在YouTube上成為話題的「1／4／7／14讀書法」，我衷心期待它能平息考生焦慮的心情。

接著在第三章「從多種讀書方法中，挑一種最適合你的」中，我會逐一分享能有效率的輸入（input），並能確實輸出（output）的學習技能。我會毫不保留的分享適用於基礎教材的**目錄學習法與關鍵字讀書法**，以及只靠螢光筆和原子筆就能達成的**背誦法**，還有利用題庫強化解題技法，最後再談到兩個月內就能夠征服各種考試的**專注法**。

最後在第四章「不要在乎別人，你要走自己的路」中，則會討論到學習的心態，因為我總是看到許多學生因考砸而變得畏畏縮縮，裹足不前，他們會自責「我真的很笨」，甚至認為即使付出努力，這個世界也不需要自己。

努力真的不會背叛自己嗎？我的回答是「YES」。透過自己親身努力而取得的成就，才是最甜蜜而寶貴的；付出努力，才是戰勝天生頭腦好壞及後天的家庭環境等所有條件的強大武器，而且任何人都能努力，所以很公平。在這個不相信努力的時代，我成了點破這一點的人。看完這本書，相信你也將會明白，努力絕對不會背叛你。

第1章

相信我，努力絕對不會背叛你

01 雖然我得最後一名，卻比第一名還開心

學習的人不會自暴自棄。

——首爾大學教授，金英民

我小時候是田徑隊的成員，喜歡百米賽跑後，心臟撲通撲通的狂跳，像是要跳出來一樣的感覺。國中時，甚至喜歡跑步到想往田徑發展，可惜我沒有那麼厲害，儘管我的實力在同年級裡已經算是屈指可數，但在學校三名田徑校隊隊員中，我往往是最後一名。

在國二的暑假，學校將在全國運動會區域預賽之前，舉行校內競賽，選拔代表學校參加比賽的選手。我為了選上學校的代表選手，就算天氣再炎熱也沒缺席的努力練習，每天從烈日當空的白天，練到悶熱潮溼的夜晚，常常汗流浹背的回家，連洗澡的力氣都沒有，就直接倒頭大睡。

比賽的日子終於到來，那天早上我真的很緊張，食不知味的吃完早餐就匆匆到了學校，

然後懷著悲壯的心情站上田徑場，為的就是想帥氣擺脫倒數第一的位置。

我們三個校隊選手並排站在起跑線上，等待老師吹哨，隨著「嗶」的一聲，身體幾乎是向前自動衝了出去，但是不知道是不是因為我太貪心，竟然在七十公尺的地方跌倒了。接著我用手掌撐住地面站了起來，一拐一拐走向終點線，等我回過神一看，發現自己的膝蓋和手肘都被磨破了，全身傳來陣陣的刺痛。

試著開始，就能得到比第一名更好的結果

結果我還是拿最後一名，眼淚瞬間就流了出來。雖然老師要我快點去保健室，不過我實在是無法就這樣放棄，儘管無法改變比賽結果，但畢竟我曾獨自汗流浹背，為了校內選拔賽而付出過努力。

「老師，讓我自己再跑一次吧。」

「你要自己跑？都受傷了怎麼可能再跑一次？」

「我可以跑，拜託你讓我跑一次吧。」

我的腿非常痛，一跛一跛的走回起跑線，後來才知道自己膝蓋骨裂開了。我重新站上起

跑線，全神貫注聽老師的哨聲，聽到「嗶」的一聲時，我再度出發了。當我只專注於跑步，膝蓋的傷也忘得一乾二淨，真的一點都感覺不到痛。十二秒一！我人生中最佳的百米紀錄就在那個時候誕生了。雖然沒選上校內代表，但我刷新了自己的人生紀錄。**雖然我拿到最後一名，卻一點都不羨慕第一名，我不覺得自己不行，也不認為自己辦不到，因為我證明了自己的努力，我為自己感到驕傲。**

儘管從那之後，我就不再繼續從事田徑運動了，但一想起當時還是田徑隊員的自己，總是覺得很欣慰。因為想要成功的熱情和努力讓我成長了。現在，每當我懷疑「我到底能不能做好」的時候，我都會想起當時的情景，然後總是會出現同樣的答案：

「我可以的，先試著開始吧。」

放棄田徑之後，我一直懷抱著醫生夢。十幾年前的某個夏天，我就讀大學三年級，為了實現夢想，準備報考醫專所。

想進入醫專所，必須通過托福考試的門檻，因為那是評斷能否上英文課的標準，但對身為理工科學生，一直與英文絕緣的我來說，托福考試無疑是最大的障礙，但我不能因為英文這個阻礙就放棄夢想。

那年夏天，我拚命的念英文，連拚聯考的高三時期，似乎也沒有這麼用功讀書過。我每天早上六點去補習，直到晚上十二點才回家，連出外用餐的時間都覺得可惜，所以一大早就買了三條紫菜飯捲去補習班，到晚上就稍作休息，用最後一條紫菜飯捲來果腹節省時間，那可說是我人生中最奮力讀書的時光。我燃燒自己全部的熱情，度過這段炙熱的時間，最後終於越過了通往醫生的關口——托福考試成績超過了及格線，順利錄取了醫專所。

「我們為什麼要讀書？」即使當了十年的醫生，我仍然不斷的制定目標，像每天吃三餐一樣，如習慣般的學習。當然，我已經不再像那些考生一樣制定緊湊的目標，或者放棄所有日常生活，只專注於學習。但直到現在，我仍然會憶起自己熱切投入學習的那個時期，因為我過去所經歷的每個瞬間，成了現在面臨困難時，讓我能夠堅持下去的強力後盾。「相信自己能夠改變」，就是我人生最大的原動力。

你現在的學習態度，就是未來的人生樣貌

高三的時候，老師常常對我們這麼說：

「只要現在好好努力，以後就會很輕鬆了。」

「只要考完聯考，痛苦就結束了，再忍耐一下吧。」

老師們所說那些努力的時間，就像人生的車站一樣。因為不是最終目的地，所以過站了就過了，只是為了安慰我們，讓我們覺得前方有盡頭，才能安心的專注於目標，老師才總是那麼說。但是回過頭來看，那些讀書的時間似乎並不單純是個車站而已。

從小學念到大學畢業，我們讀書的時間至少有十六年，大部分時間都是在讀書中度過的。如果比較晚才進入職場，那麼可能就會念將近二十年的書，有些人甚至會像我一樣，擁有一個一輩子都要持續學習的職業。這段漫長的讀書時期，並不會單純的因為找到工作或考試及格就結束，而是成為那個人對待自己人生的態度。

所以我認為，這些讀書和努力的時間不是車站，而是我人生的指南針，在讀書的這段期間，我學會了過生活，我的學習態度，成就了我的人生態度。考試及格之後，我依然以不斷學習的態度生活，「努力」成了引導我人生的指南針。我周圍大部分成功人士也是如此，他們維持讀書的習慣，每天都過著不辜負自己，挑戰更高目標，並且不失去熱情的生活，就是靠著這樣的堅持，他們才能持續成長下去。

你覺得自己現在讀書的樣子很丟臉嗎？你對「有些人每天打扮得漂漂亮亮過日子，但你卻獨自一人替未知的將來而努力」這件事失望嗎？無論是誰，都有不去挑戰自己極限的自由，我們也可以停留在安逸的現在。

但是如果太早就受困於現實而放棄努力，你的人生故事就到此為止了。超越自己極限時所感受到的喜悅、**達成目標時獲得的自信，以及因此散發出的明亮眼神與熱情的人生態度，**

全都是竭盡全力後開始的，付出努力而翻開人生下一頁的你，比什麼都還更耀眼美麗。

不會背叛你的K書竅門

努力是人生的指南針，在努力讀書的過程與經驗中，造就了人生態度，而這種態度也決定了我的人生，以奮鬥精神度過那些時間的人，絕對不會錯過人生的機會。

02 沮喪沒有用，訂正錯誤才會進步

你在人生中犯下最大的錯誤，就是擔心犯錯而不斷畏懼。

——美國作家，阿爾伯特・哈伯德（Elbert Hubbard）

「我比別人更努力讀書，但還是念不來，我真的好累！」

「我是已經準備了三年國考的二十九歲考生，抱著今年是最後一次應考的想法，每天學習十二個小時。但其實我去年和前年也都這麼認真讀書，最後仍落榜，這件事始終縈繞在我的腦海，我懷疑自己努力念書，就真的能考上嗎？」

我從訂閱者那裡收到了很多類似這樣的郵件和留言。大家似乎相信「無論是誰，只要努力就能做到」、「只要付出努力，就能獲得理想結果的話，該有多好」，然而我們帶著這份信念，卻總是懷疑自己的努力。

努力了還是失敗？寫寫錯答筆記

因此我向這些陷入挫折並懷疑自身努力的人們，提出了這樣的問題：「你分析過自己失敗的原因嗎？」很少人有勇氣回顧失敗經驗，**比起深入了解自己為什麼失敗、缺少什麼，人們更容易因為努力沒有得到應有的成果，而產生遭受背叛的感受。**

高三時，我認真到甚至被別人說過：「像相旭那樣念書的話，沒有上不了的學校。」但我後來還是因考試成績不理想而重考，可是就算重考，也沒能考上理想的科系。因為無法考出理想成績，每到模擬考試的前一天，心臟就會狂跳也睡不著覺。

「如果考砸了怎麼辦……。」

「如果因為考試恐懼症而失誤，那麼之後……。」

我就這樣與腦海中的雜念搏鬥了無數次，但我發現自己越是搏鬥，就越沒有面對失敗的勇氣，儘管我會按照科目整理錯答筆記，但並未反省自己的讀書方式是否有效率，因此在那之後，我開始制定符合自身狀況的專屬錯答筆記，修正學習計畫。

- 各個科目計畫的學習分量合適嗎？
- 集中精力解題的學習計畫是否妥當？
- 我保有的讀書習慣是最好的嗎？
- 有沒有好好紓解壓力和休息？
- 飲食調整和睡眠時間是否合適？
- 到考試當天之前，節奏是不是沒調整好？
- 沒能保持好狀態的原因是什麼？

每次的項目都不一樣，但有一點是肯定的，就是**必須制定專屬於自己的努力錯答筆記，分析並檢查自己的讀書習慣和調整節奏、狀態維持等，以修正學習計畫**。

回顧失敗的過程，不但是為下次學習而準備的跳板，更是人生中很大的資產。在這艱難的過程中，我經歷過多次打破思維框架的經驗，也了解到如何擺脫設限自己的想法，無論是及格或不及格，我總是從這個過程中，讓手裡抓住些什麼並再次站起來。也就是說，**這些失敗並不等於搞砸人生，而是迎來另一個機會，因此我們不能錯過失敗所帶來的機會**。

我一開始也很難面對失敗，但在客觀分析不斷失敗的原因之後，我才發現自己缺少燃燒努力的原料。有人說過，比起成功，失敗更能夠讓人從中學習到智慧，因此我想談談經歷過多次失敗之後所找到的努力原料，我希望拚命讀書的你，閱讀本書，實踐我介紹的方法後，不會再經歷失敗。

不會背叛你的K書竅門

如果你的努力失敗了，就製作一個專屬於自己的錯答筆記，客觀分析自己的失敗，當我們意識到自己缺乏什麼，就會得到改變的爆發力。

03 努力取得成果，你得先有兩種原料

人生計畫取決於年輕之時，一年之計在於春，一日之計在於晨。

——孔子

我們醫院有位接受青春痘護理治療的大學新鮮人，但由於他比同年紀的人晚入學，因此有些意志消沉。因為那個學生正處於血氣方剛的年紀卻面色陰沉，這讓我對他產生了好奇，我抽出時間和他一起喝一杯咖啡，在和該學生聊天的過程中，我似乎看到現在二十多歲年輕人生活的現實。

「你的夢想是什麼？你以後打算做什麼？」

「夢想嗎？我沒有那種東西，一定要有想做的事才行嗎？」

有無限可能的二十幾歲青年，竟然說自己沒有夢想！但我好像明白他為何內心空蕩，意志消沉。沒有夢想，能做出什麼樣的努力？

我對那名學生說，他應該要先尋找自己的夢想，因為念大學不能保證什麼。儘管人們為了犒賞過去努力讀書的自己，在讀大學時盡情享受自由，但實際上從那時起，比賽才真正開始。上大學只是我們人生中的一道關卡，但它並不能成為我們人生的目標。

我認為**若想靠努力來取得成果，必須有兩種原料，一個是要有夢想和目標，另一個則是創造出不感到疲倦的努力模式，也就是習慣**。就像上車之後，要在導航上設定好目的地，才能知道需要多少燃料一樣，**設定目標，才隨之努力**。

「我是三十四歲的上班族，雖然想要成為國文老師，卻沒能進入師範大學，後來我進入教育研究所，花四年準備教師甄試，最後還是沒能通過考試。現在我在爸爸朋友的公司裡當上班族。

「雖然對於工作和生活都沒什麼太大的不滿，但偶爾會想起自己沒能實現的夢想。儘管考慮過重新挑戰教師甄試，但我很久沒念書了，我害怕自己就算努力，也還是會得到同樣的結果，如果再次挑戰的話，我能考上嗎？」

我見過的訂閱者中，這一位令人讓我印象深刻，他雖然已經走在不同的道路上，但始終忘不了自己的夢想。我的信箱裡，裝滿了像這種想再次挑戰，卻不敢輕易嘗試的人寄來的諮詢郵件，他們面對挑戰時，會猶豫不決，是因為過去的失敗讓他們失去自尊心，我覺得看著他們，就像看到了從前的自己，讓我感到非常惋惜。

許多人懷抱著可以改變人生的信念，培養夢想，但是在夢想變得模糊的瞬間，努力的理由也隨之消失。如果想要擺脫失敗所造成的失落感，需要有「我能實現這個夢想」的自尊感，這是對自己的信任。當然，自尊心不是一下子就能培養出來，因此，感到挫折時，需要的就是小小的成就感，隨著這種獲得成就感的經驗逐漸增加，不知不覺自己的自尊感也隨之提高。

先達成小目標，建立自信的不二法門

我有一個朋友從成均館大學工學院畢業後，就在三星電子工作。我們當時在托福讀書會一起念書。剛開始，他的托福成績是一百四十分，當時考的是舊制托福機考（按：CBT，滿分為三百分，已於二〇〇六年九月廢除），如果將托福一百四十分換算成多益考試，大約是四百到四百五十分，從分數來看，他的英文實力和國中生差不多，但是他對自己英文不好這件事並不覺得羞恥。

只要有不懂的地方，他就會仔細詢問老師，他提出的問題，基礎到甚至讓人懷疑：「哇，連這個都不知道，怎麼考上成均館大學的啊？」但在之後的模擬考試中，他的英文成績每次都提高十到十五分。他最後取得的托福成績是兩百七十分，相當於多益九百二十到九百三十分，而這是他僅用四個月就取得的驚人成果。他對自己的英文能力毫不覺得丟臉，每次只要能提高十到十五分就很高興。

小小的成就感提高了「只要努力就能做到」的自尊心，而他將這種自尊心化為原動力，只專注於目標。最終他的努力沒有背叛他，也託他的福，我切身感受到了將小小的成就經驗，轉化為學習自尊感的必要性。

去年有位在準備會計師考試的三十多歲女性來信問我，說她從大學時期就開始準備會計師考試，但每次考試都落榜，後來雖然在別的地方找到工作，但還是無法擺脫對會計師考試的留戀，後來她偶然看到我的 YouTube 影片後，產生了「用那個方法再念一次吧」的想法，因此鼓起勇氣寫了信給我。她最需要的是學習自信心，因此我教她**如何培養學習自信心——每天制定「剛好能做到」的目標，養成每天實現目標的習慣。**

後來，她重拾課本準備再挑戰會計師考試，她告訴我，多虧「1／4／7／14讀書法」不但學習效率提高，也提升了背公式的能力，最重要的是，自己的心態和態度，與過去完全不同。

「以前不知道是不是因為覺得就算這樣念書也考不上，所以時常處於低潮，如果想不起來以前學過的內容，就會自責：『我是白痴嗎？』但是現在不一樣了，我的確對念書更有自信了，我想我今年應該能考上！」

現在的她和從前不同了。對自己的強烈肯定和信任，使她擁有了堅實的內心，透過實現一個個小目標，而取得的小小成就經驗，就會有信心能實現看似渺茫的夢想。最重要的是，能夠了解到正確的讀書方法，也明白了學習在自己的人生中，有何種意義。

無論你現在過著什麼樣的生活，年齡是大或小，若你有沒能實現的夢想，我想告訴你，至少要為此一點一點的挑戰，因為隨著年齡增長，阻礙夢想實現的因素會越來越多，但是如果在這時你早已擁有夢想，就能離戰勝現實更近一步。

不會背叛你的K書竅門

為了連結努力與成果，我們需要夢想和習慣。夢想是我們讀書和努力的理由，越是明確的夢想，成功的機率就越高，就讓我們透過小小的成就，來提高學習的自尊感，實現更大的夢想吧。

04 頭腦比別人差？你的習慣就得比別人強

意志、努力與等待是成功的基石。

——法國微生物之父，路易・巴斯德（Louis Pasteur）

最近，我讀了勵志書《我的一天從四點三十分開始》。作者金有珍律師在每天凌晨四點半起床，開始自己的一天，因為我清楚知道凌晨起床對生活多少有改變，所以更加關注作者的故事。

凌晨起床，是完全掌握自己一整天的最佳方法，因為一天提早開始，可以利用的時間比別人多。金有珍律師也是透過養成凌晨起床的習慣，度過了艱難的留學生活，並且接連通過了美國兩個州的律師考試，她現在是YouTuber也是暢銷書的作家。

在《人生勝利聖經》（*TOOLS OF TITANS*）中，登場的**全球成功領導人士也都有屬於自**

己獨特的習慣，他們大多習慣早起寫寫日記等文章，一邊寫文章，一邊整理自己的想法，具體的寫下目標，並制定執行方法。以寄生蟲學博士兼作家著名的徐民博士也表示，自己能夠成為作家的祕訣，就是「每天寫日記的習慣」。

像這樣過著自己想要的生活的人，都有屬於自己的習慣，並且每天堅持和努力重覆這種習慣的話，習慣就會變成人生的一部分。

努力其實是一種習慣，要養成

「我二十歲了，但是因為沉迷網路賭博而沒能考上大學，後來和朋友也疏遠了，現在連父母都不信任我。看著不斷產生自卑感，卻毫無改變的自己，讓我感到疲憊又厭倦。只要努力的話，我就真的能夠過上自己想要的生活嗎？」

有一天，我收到了這樣的諮詢郵件，諮詢者因為好玩而賭博，卻因此輸掉了整個人生，他掙扎著想要逃出來，催促了自己數萬次，卻沒能做到，所以才向我尋求建議。但是叫我解開這種糾結也並不容易，因為，**一輩子都沒有努力過的人，很難在一夜之間改變，努力是一種習慣，是要用養成的，而不是嘴巴說一聲要下定決心就能做到。**

從某種角度來看，讀書是邁向成功最簡單的選擇，因為我認為，不需要其他條件，只要下定決心和努力就可以了。但其實一旦下定決心要讀書，就會開始意識到，努力可不是普通的難。

「十點五十五分了耶，手機再滑個五分鐘，從十一點再開始做事吧。」
「最近常常加班，就休息到這星期為止吧。」
「吃完飯之後好睏啊，我先睡三十分鐘再起來。」
「反正沒剩幾個小時了，還是明天再開始做吧。」
「已經念這麼多了，今天玩一下應該沒關係吧？」

聽到這些話，應該有人會覺得被戳中而心頭一驚，因為我也曾經這樣生活過。回想起當時說的話，就發現束縛我前進的，正是拖拖拉拉的說「不要現在，待會再開始」、「今天休息，明天再做」的自己；說「做到這個程度的話就休息吧」、「事情太難」而放棄的自己。一旦我們跌入這種「自我合理化」的陷阱，最終便停止努力，選擇了放棄。

唯一能戰勝這種自我安慰和自我合理化的，就是習慣，當我們能忍住厭煩的情緒、遵守和自己的約定時，就能得到習慣。而且，習慣具有戰勝所有誘惑的力量。舉例來說，我們決定每天輕鬆跑步三十分鐘，雖然頭幾天可能會覺得很麻煩，但是堅持跑一星期之後，最後身體會記住奔跑時的感受和動作，只要養成這種習慣，無論是多麼令人厭煩的日子，都會有說出「那也得做」這句話的決心力量。

然而習慣也可能在一瞬間失去。例如努力運動之後，因腳踝稍微扭傷而休息一星期，那麼之後到恢復跑步為止，要讓原本維持的習慣回到軌道，也需要一段時間，因此養成和遵守習慣都是需要努力的。

雖然我在第二章才會正式介紹「1／4／7／14讀書法」，但這套自創的方法，是為了養成和維持讀書習慣而制定的。雖然我們自認為付諸了努力，但仍容易失敗，其實是因為沒有培養讀書習慣，或是依靠錯誤的讀書習慣K書，如果要不厭倦的持續，想提高努力的效能，首先就要養成好的讀書習慣。

沒有好頭腦，但靠養成讀書習慣，我考上醫科

「因為頭腦好，只要念一下就能當上醫生了。」

「能當上醫生的人就是頭腦好，頭腦好的人講的讀書方法有什麼用？」

偶爾有人會在我的YouTube影片底下留下這類留言，這些話一開始讓我很受傷，但是現在我想以這類留言當作跳板來聊聊。難道真的是因為我的頭腦好，只要稍作努力就能成為醫生？如果真的是這樣，那麼我就不會開始當分享讀書方法的YouTuber。

國、高中時期，我的成績沒有好到能上醫科，別說是醫科了，就連考上首爾的大學也是低空過關，在全校五百零一名學生的學校裡，我國文排第兩百八十七名，數學是第一百一十七名，都是三位數的排名。

但隨著正式開始讀書，我逐漸掌握讀書的方法，並慢慢提高成績。雖然重考之後也沒能考上醫科，但我就讀大學期間，依然堅持不懈的學習並準備，最終才考上了醫專所，成為一名醫生。

我並不擁有讓我能輕鬆當上醫生的好腦袋或好環境，但我之所以能用不輸任何人的努力來學習，正是因為我按照自創的「1／4／7／14讀書法」培養了我的讀書習慣。這個習慣讓我每次想放棄的時候，最後也能堅持下去，並且多虧了那個讀書法，我的努力得到了回報。習慣是創造出不背叛自己努力最必要的裝置，而且牢牢烙印在身體裡的習慣，才是讓自己做出高度努力最切實的方法。

不會背叛你的K書竅門

習慣是戰勝自己的力量。札根於自己內心的讀書習慣，是創造不會背叛自己努力的必要裝置，也是讓自己創造高度努力最切實的原動力。

05 讀書就像跑馬拉松，要找到自己的節奏

想做的事就會看到方法，不想做的事只會看到藉口。

——菲律賓格言

「相旭，最近家裡的經濟狀況有點困難啊。」

這是我國中三年級時發生的事。父親向我道歉，因為錯當了擔保人，使家中的經濟狀況跌入深淵，原本家中笑聲不斷，後來卻充滿了父親深深的嘆息聲，父親好像幾個月之間就老了好幾歲，我至今還清晰記得當時家裡凝重的氣氛。

那時我才國中三年級，本來想好好念書，但連想買一本模擬考卷都不好意思告訴父母，所以我拿了姐姐們用過的書或題庫來學習，但翻開姐姐的參考書和題庫讓我嚇了一跳，不知她是多麼刻苦的學習，每頁都密密麻麻的寫著筆記，充滿學習的痕跡，連字都讀不了，我覺

得實在沒辦法，就去拜託姐姐了。

「姐姐，妳念書可不可以不要寫那麼多筆記？妳的書我根本就沒辦法讀，希望妳也不要把答案寫上去。」

「哎呀，讀書怎麼能不做筆記？你還真麻煩……。」

當時家人都很辛苦，所以我不敢表現出來，但看著放學後去補習班或上家教的同學們，我確實感到很不安。這種擔心著自己會跟不上別人的情緒，在學生時期始終困擾著我。

很多人在敏感的青春期，因父母離婚或家庭狀況突然變差等，陷入了無可奈何的艱難處境，當然，在這種無法專注投入學習的狀況下，有時就在彷徨中虛度了學生時代，但並不是萬事俱備、學習環境完善，才能讓人努力學習。

事實上，處於無論在哪裡，都能聽到頂級名師的網路課程，而且也隨時可以購買題庫或書籍這種環境的同學們，書都不是念得很好。**萬事俱備反而會成為障礙，因為「只要下定決心就能讀好書」的想法會讓人變得懶惰**。反而是環境不完善時，更能專注讀書。

幾年前我看過一篇「三十多歲上班族的公務員初等考試及格」心得，寫這篇及格心得的上班族是兩個孩子的父親，為了擺脫一直折磨自己的上司，準備了公務員考試，想換工作。但因為回家後要照顧孩子們，而沒時間學習的他，沒有浪費中午一個小時的午休，還比別人早一個小時來辦公室，又晚一個小時下班，藉此創造學習的時間。

也就是說，在一天的三個小時裡，他燃燒了所有的熱情。看著公務員考試論壇上的競爭者的每日讀書心得，每天都在擔心自己念的太少，即便如此，他仍然在既有的三個小時內竭盡全力，最後順利通過了考試。

追根究柢，**讀書的核心不在於完善的環境，而在於「調整自己的節奏」**，不拘泥於自己所處的狀況，尋找屬於自己的方式投入學習，不失去自己的讀書習慣，主動調整自己的節奏，就是創造成功學習的基礎。

打造合格的步調調節法

「我現在不是可以好好念書的情況，小時候都沒念好的書，現在怎麼念啊？我的腦袋好像不太好。」

怪時間、怪環境、怪自己……這樣抱怨和浪費時間找藉口的結果顯而易見。實際上沒有讓人能完全專注在讀書的環境，**區分及格或不及格的因素只有一個，那就是找到讓自己不受周圍環境影響的步調，以及能夠堅持到底還是要放棄的心態**。

在重考那段時間，我非常鬱悶，因為成績沒有達到自己的預期，但有一天我收到父親的信之後，當場哭了起來，現在再讀一遍也很感動。

相旭啊，讀書就像跑馬拉松一樣，如果一開始就用盡全力，自然很快就會累垮；如果總是在意和自己同時出發的人，就會失去自己原來的節奏，你應該採用適合自己的讀書方式。看到別人在這個區間跑得更快一些，你就覺得自己也要跑快一點的話，除了失去節奏，還會越來越不安，這麼一來距離終點線也就更遠了。要找到你的節奏，拿出你的勇氣來。

那時，我從父親的信裡得到了很大的勇氣，即使模擬考試成績不理想，即使身邊的朋友成績比我好，我也不洩氣，而是接受所有事實並冷靜面對。我只專注於盡快掌握和補足自己身上最缺乏的，以及了解自己的失誤為何。

透過這種方式，可以客觀的審視自己，找出只屬於自己的讀書習慣，按照自己的節奏念書。我沒有必要因為朋友們的進度比我快，或是能解出更難的問題，而感到不安或動搖，如果自己的最終目標明確，那麼重要的是按照自己的計畫，毫不動搖的前進，不跟隨別人，而是照著自己的速度走。

在邁向目標的過程中，即使成績不好，也千萬不要氣餒，比起注意那些比自己在更好的環境下學習的人，我希望你只專注自己最佳步調，並每天不斷向前邁進。希望大家都能為自己今天所學的東西，儲存在腦海裡而感到自豪。不要因為覺得「我好像沒希望了」而責怪自己或感到羞恥，重要的是，情況正在好轉。

不會背叛你的K書竅門

我們每個人都在按照自己的節奏奔跑，並且在各自的比賽當中，慢慢的向前邁進，只要專注在自己的節奏上，它就能成為守護自己的力量源泉。

06 多益從三百分進步到八百分的關鍵？

別把自己當作小人物，這種態度會束縛自己的行為和思考。

——德國哲學家，弗里德里希・尼采（Friedrich Nietzsche）

二〇一九年冬天，我開通 YouTube 頻道沒多久，認識了一個叫振奎的二十三歲學生，我們持續往來好幾年，並由我指導他念書。振奎家有很多不為人知的過去，導致他從小內心充滿了傷痛。

他有注意力不足過動症（attention deficit hyperactivity disorder，簡稱為ＡＤＨＤ）與妥瑞症（Tourette Syndrome），當學校傳出他患有妥瑞症的消息，他開始受到排擠。由於家庭狀況不好，所以經歷了很多逆境，但是他想要克服這些並好好讀書的模樣，真的很令人欣慰，因此我也更加積極的支持並幫助他。

最重要的是，振奎在四個月裡，把我提出的建議全部都做到了，因為他說如果他不讀書的話，自己的人生不會有任何希望。他從小學到高中，一直都是所謂的「隱遁型孤獨者」。國中時被孤立，高中入學當天只上了一天學，後來就退學待在家裡，儘管糊裡糊塗的通過了學力鑑定考試，但由於對學習沒有基本技能或目標，因此後來也只是一直待在家裡玩遊戲，見到我的時候，振奎處於因長期的孤獨生活而疲憊不堪的狀態。

他想著至少也要做點工作，所以去大型超市打工，因為必須反覆做同樣的事情，而產生了「我為什麼要做這個？」的想法，加上一起工作的人時常辱罵他，因此工作氣氛也不太好，這讓他開始苦惱：「怎麼樣才能擺脫這裡呢？」而他想到的方法就是「讀書」。

但是學生時期從未真正好好念過書，所以他也不知道該怎麼開始，後來決定先在 YouTube 上尋找答案，他找了與讀書相關的 YouTube 內容，在搜索結果顯示出來的頻道中，選擇了我的頻道。

「當時我們家面臨各種困境，無論是家境還是父母的健康，我毫無計畫的度過了每一天，這樣的現實讓我很痛苦，但是老師有一個影片是『生活艱困的人一定要看』，我看到那個影片的瞬間，心想就覺得『啊，這是為我而製作的內容。』」

疲累時，和自己對話

我在影片留言處寫下了我的電子郵件，振奎看到之後鼓起勇氣聯繫了我，因為那個緣分，我們第一次見了面。見面時，振奎說：「我想改變人生。」我感受到他的急切，後來他還說想要學英文，當時他的英文能力大概只認得英文字母，甚至連「because」的意思都不知道。

其實，我一開始很煩惱，能不能指導讀書基本功這麼差的人學習，但是振奎的意志非常強烈，所以我決定先挑戰一下，我要求振奎先從小學和國中的單字本開始，反覆念了十多次。之後，再從國中和高中必學單字本到多益單字本，讀了四個月左右。

在這個過程中，我每天都會進行單字測驗，並教他如何利用「1／4／7／14／30讀書法」（1／4／7／14讀書法升級版，第二章會詳細介紹）背單字。於是振奎背單字的速度增快，令人驚訝的是，原本他只認識A、B、C、D的英文能力，過了一個月之後，他記住了大量單字。

兩個月來，背單字的時間大大縮短了，振奎驚訝的說：「沒想到自己能背起來這麼困難的單字。」進入第三個月時，他開始學習文法、掌握文章結構，同時也能流暢的解釋。本來他以為一天要背一百個單字都很難，但是後來逐漸有自信能背兩百個左右，也慢慢領悟讀書的方法。

他第一次多益考試的分數是三百分，雖然分數比我的預期的還要低，但振奎對成績並沒有興趣，看到他這樣，我反而得到了更大的勇氣，也可以邁向下一階段。後來，他的多益分數超過八百分，這是讀書十個月以來首次做到的壯舉。這個分數，就算是大學生也要專注學習好幾個月才能拿到，振奎在學習上的誠心和熱情讓我很感動，也覺得此時比任何時刻都更有意義。

「我真的沒想到自己會對念書這麼感興趣，學生時代，我以為讀書和我的人生無關，但是嘗試了之後發現，其實我很適合念書，這都是託老師的福。我現在知道了方法有多重要，我一定要讓其他人知道，即使像我這種完全沒有任何基礎的人，只要堅定意志開始念書，誰都可以把書念好。」

透過學習感受到成就感的振奎說，他現在為了成為醫生，要開始準備大學入學考試。他原本沒有夢想，也找不到要努力的理由和方法，現在養成了屬於自己的讀書習慣也有了夢想。無論花費多長的時間，今後我也會在旁繼續幫助振奎成為優秀的醫生，讓他能不厭倦的完成這個夢想。

有句話叫做「和自己的對話」，我認為這是徹底改變生活的根本力量，在高三準備大學入學考試和重考的過程中，每當感到疲累的時候，我就會把手放在胸前對自己這樣說：

「相旭啊，你做得很好，你可以的，就算今天的考試考砸了也別洩氣，不管別人怎麼嘲笑你，也不要在意。你終究會做到的！」

就這樣反覆說著，心裡自然會安定下來，產生新的力量。我早上起床時，都會告訴自己：「喝一杯水，用熱水沖個澡，今天一天要充滿力量的開始。」如果出現不符合我期待的結果，感到失望或沒按照計畫好好學習時，也會自我對話。有句話是「出口成真」，這些都像是一種自我暗示，比想像中更有力量。

「讀書時的我」是另一種人格，為了控制好該人格，和自己對話是必要的，比起和「原本的我」說話，面對已經開始「接受新挑戰的我」，態度必須有明顯的變化。在指導振奎的過程中，我再次感受到了這一點。

不會背叛你的K書竅門

和「自己的對話」，是改變人生的力量。

第2章

讓我成功考取醫科的最強讀書計畫

01 光死背不理解，你永遠記不住

東京大學學生們一致認為，最好的學習方法是「主動讀書」。

——日本現役最強東大生，西岡壱誠

透過重考和準備醫專所考試的經驗，我的讀書方法越來越忠於基礎，我集中精力糾正錯誤的讀書習慣，最大限度的提高效率，讓自己能「產出」。

我所說的產出，是指把讀進去的內容寫出來，若說在腦海中投入的是學習，那麼產出就是挖掘。雖然這看似人人皆知，但實際做到的人卻很少，只要遵守這些，學習的結果就會截然不同，如果無法複習所學的內容，並創造出屬於自己的產出，那麼任何努力都徒勞。

面對準備已久的考試，任何人都很難擺脫不安的心情，但越是不安，專注力和學習效率就會越低，發呆的時間就越多，進而陷入「如果這次也考砸怎麼辦？要繼續在原來的公司上班嗎？還是直接辭職專心準備呢？」這種擔心與懊悔，再加上考試沒有第二次機會，許多考生都因為焦慮症加重而到身心科看診。

寫下不安清單，擺脫焦慮

我也在重考過程中經歷了焦慮症，雖然只是坐著讀書，但感覺越來越不安，專注力因此驟降，當我覺得不能再這樣繼續下去時，我開始在筆記本上寫出令我不安的理由。

- 如果第二次挑戰醫科失敗，人生將一片茫然。
- 沒解決別人二十歲出頭就處理掉的兵役問題，讓自己很不安。
- 如果考上醫科，大學畢業後可以去當軍醫，解決兩年義務兵役問題。
- 即使想再重考，也不可能得到家裡的經濟支援。
- 又再重考的話，要邊打工邊念書，很難保有足夠的時間念書。

但是不知道為什麼，當我把「自己為何會有這種不安的心情」，或是「這種心情是從哪裡來的？」等問題一個個記錄下來時，便發現讓我產生不安的事並沒有想像中那麼複雜，都只是「及格就能解決的事情」。這樣客觀的解釋了我所處的環境和處境後，某種程度上，也能自我控制焦慮症，不再被自己的情緒左右。

懷著不安的心情念書，並不是真正在讀書，如果，無法擺脫掉那份不安，最好寫下屬於自己的不安清單，不然就好好休息幾個小時或半天，重新充電再開始。有時也會因為沒念書而不安，因此只要集中精神念書，自己就會充滿正面的自信，所以不需要太過不安，要抱著把現在放在我面前的書，全部消化進去的覺悟。

只聽老師講，你只是假懂，記不住重點

主動學習有產出，也就是說，無論何時何地，都可以把學習過且熟記的內容拿出來使用。**以同樣的時間讀書，導致不同結果的原因，在於是被動學習還是主動學習。**被動學習，顧名思義就是不能自我主導的學習。如果沒有「我一定要做到這件事」的強烈動機，在不理解相關考試科目的情況下，沒有找到適合自己的學習方法，自然而然就會變成被動的學習；相反的，主動學習是給自己提供動力，尋找適合自己的學習方法。

如果用被動的態度學習，不掌握書中的優缺點，只忙於反覆閱讀，當然書本一蓋上，腦子裡就空蕩蕩的。現在看的書，都按自己想要的目錄整理、分類好了嗎？應該不是吧。**我們不能盲目按照既有目錄的順序閱讀，要專門為這本書製作筆記，按照自己需要的順序重新編排目錄和分類等，制定能掌握該書的計畫並學習。**

「別用照單全收的方式讀書。」

我邊準備各種考試，邊下定決心用對自己有效率的方式念書，並樹立了這個原則。想要和書本一決高下，就不能盲目被牽著鼻子走，要根據自己的目的制定「只屬於自己的目錄」，分類和概括整理內容，把必要的部分完全變成自己的東西，這是主動性的學習，也是最終實現目標的最好方法。

就像從公職考試到各種專業考試，考試的種類多元一樣，補習班、課程、講師也層出不窮，特別是被稱為「頂級名師」的他們，誇口說只要聽自己的課程，三個月就能保證及格。當然，聽完那些名師的課程後及格的人也很多，但是不能只依靠名師灌輸的東西，重要的是自己的目標、自己的意志以及自己的努力。

無論聽什麼課，要抱著明確的目標去聽，才會有所幫助。另外，即使課程聽過很多次，也不能認為自己已經掌握了全部內容，因為接收單方面的授課，大多是被動的學習。

聽著名師的課程，瞬間腦海中會產生「我都懂了」的錯覺，但是不管是什麼知識，只有在需要的時候能拿出來用，才是真正的學習。**無法產出的學習只會浪費時間，聽網路課程也要養成在筆記本上整理核心內容，確認無法理解的部分的習慣，一定要複習才行。**

照抄老師的話跟筆記，不算是真的「做筆記」

國、高中時期我是筆記狂，下課或自習時間，找我借筆記的同學們湧向了我的座位。但是時間一久，很會念書的朋友們向其他朋友借筆記，而不是向我借。因為我不是把老師的話整理得一目瞭然，而是急於記錄，執著於用各種書寫工具裝飾得五顏六色。因為沒有好好活用筆記內容，所以也沒有考慮過如何寫對學習有幫助的筆記。

筆記也是一種產出。但是，**把老師的話原封不動的記下來並不是學習的筆記，而是聽寫，如果一直執著在這點上，就會錯過真正的課業流程和重要內容**。就算借到全校第一的筆記，也得不到好的分數，這是因為該同學把自己理解的內容，按照自己的方式和目的做了筆記，也就是說，這終究不是我自己的。

只背不思考，知識不到一天就蒸發

只要熟背，任何考試都可能及格。但，如果只是為求及格而背誦，什麼都不思考，只是單純背下來的話，那些知識就會像酒精蒸發到空氣中一樣，只待在腦中一下子，然後消失。

也許你會產生疑問：「背誦科目該怎麼理解呢？」但是就算是韓國史考試，也是要理解歷史的整體發展趨勢，才能把背誦細節內容拿出來使用，如果不從故事的角度切入，是絕對記不住的。

在醫學院念書也是一樣。要記住大量的知識，如果只是單純的背，在醫學上無法得出正確的見解，只有了解特定疾病的病因，並理解各自有什麼關聯，才能發揮專業醫生的作用。

無論念什麼書，若想把學過的內容從短期記憶轉移到中期記憶，「理解」是最首要的。通常，儲存在海馬迴（Hippocampus）的短期記憶經過篩選後，被發送到長期記憶，這時透過反覆學習或講故事等方式加深印象，對長時間保存記憶會有很大的幫助，而主動的學習態度很重要的原因也在於此。

不會背叛你的K書竅門

讀書時，最不可取的就是「被動的」學習態度，放棄只相信課本或依賴名師課程的態度吧，只有以透過理解故事為基礎，主動學習，才能活用所學。

02 召喚及格的五種基本態度

學習不能放鬆，也不能急於求成，要一輩子堅持下去。

——朝鮮王朝知名儒學者，栗谷李珥

在我 YouTube 頻道的訂閱者中，有很多人長期過著考試生活，另外，還有不少剛開始念書的人在影片底下詢問，有沒有能激勵人又容易領悟的讀書法。但是我發現，無論是學習時間較長的人，還是現在才開始的人，都有個共同錯誤：被問及「為何要學習」、「目標是什麼」時，他們往往無法明確回答，只是含糊其辭說不清楚。我想告訴這些人，我喜歡的《論語》中裡的一句話：「學而不思則罔，思而不學則殆。」

這句話的意思是，學習時，不能只是光學，也要思考，需要思考時，就透過學習來培養批判性的思維，不想要愚鈍的過生活，就要學習，想不白費所學，就要聰明一點。

我過去為了實現當醫生的夢想，嘗試許多讀書法，這讓我學會「如何聰明的學習」。而我現在將這個成果，也就是我的讀書法——把「分割」和「反覆」整理得更有系統，並和很多人分享。**這就是本書介紹的「1／4／7／14讀書法」，這個讀書法把目標分得更細小，使目標更加具體、明確，而且為了實現目標，把計畫也分得更細小讓學習者能反覆複習，這在準備任何考試時都適用。**

但是，正如我強調學習時要採取主動的態度一樣，我認為比起單純照著「1／4／7／14讀書法」念書，先建立實踐此讀書法的基本態度後，再搭配讀書法K書，效果才會倍增，因此在正式學習讀書法之前，我們先來了解學習時必須具備的五種基本態度。

一、制定長期、中期、短期計畫表學習

如果剛開始念書時沒有訂定計畫，那極有可能失敗，因為我們很容易忘記今天要做什麼，或是自己為了什麼而讀書。人很容易對自己太好、放縱自己，因此如果不制定計畫，就會輕易忘記並放棄。

如果一開始就制定一個過於宏大的計畫，很有可能中途就放棄了。其實最終目標定得很高也沒關係，**重點是要盡量細分為實現目標而制定的計畫，不要盲目制定**。我總是很樸素的制定計畫，**大概計畫七〇％至八〇％左右**，每天早上起床後先檢查計畫表，制定不同時段要以何種方式度過一天的計畫，並複習前一天學習的內容。

制定計畫時，首先要決定長期目標，並設定實現目標的中期、短期計畫。也就是說，在

最終目標下制定細密的小目標和實施計畫，就能獲得成就感，如此一來就不會輕易放棄了。制定計畫表的方法，我將在後面詳細說明。

二、製作複習的模式：1／4／7／14讀書法

此學習方法乍看之下很複雜，好像很難遵守，但它能助你長時間記住讀書內容，**用一句話來概括此讀書法的特徵，就是「分割目標和計畫，反覆學習內容的讀書法」**。如用這讀書方法反覆學習十四天，即使每天進行新的進度，透過複習也能將所學內容轉變成長期記憶。

方法很簡單。首先「1／4／7／14」指的是開始學習的天數，讀書的第一天、第四天、第七天、第十四天，從上述四個選項中，減去三、六、十三，只要不出現負數，就去掉可以去掉的數字。

讀書第一天讀新的內容；第二天複習前一天的內容，然後進行新的進度；第三天也要複習前一天學習的內容，然後讀新的進度；到了第四天，根據此讀書法的規則，「四－三＝一」除了複習前一天學過的東西、學習新進度，也要複習第一天的學習內容。

同理，到了第五天，不只複習前一天學過的東西，再進行新的進度，還要減去三，「五－三＝二」，所以得複習第二天學過的內容。這樣過了一週，到了第七天，就變得複雜了，除了複習前一天學過的東西、讀新進度，由於「七－三＝四」和「七－六＝一」，所以也須複習第四天和第一天學到的分量（參考第九十八頁圖2-5）。

「1／4／7／14讀書法」這種複習模式很難聽一次就懂，我會在後文詳細說明，我想在這裡強調的就是，創造「複習模式」是學習的基本態度。

三、征服隱藏的零星時間

通常要你征服零碎的時間時，很多人會想「我忙得要死，哪有零碎時間啊？」但是把不知不覺中流逝的時間加起來，對每個人來說，一天最多有三到四個小時的零碎時間。

回顧一下你今天度過的午休時間，吃完飯後買杯咖啡，順便散步，不知不覺午休就結束了。實際上這裡也隱藏著瑣碎時間，就是買咖啡邊聊天邊散步的時間。假設午休一小時，吃完飯，還有三十分鐘左右可以利用，而我這時一邊讀書，一邊訓練自己培養集中力，如果繼續努力透過閱讀，來了解該書的整體大綱並概括內容，自然就會提高專注力。

如果想將零碎時間轉換為寶貴的時間，就應該制定有效利用的具體計畫。若想著「哪怕只有十分鐘，也要用來舒緩壓力」，這十分鐘就會是非常舒適的休息時間。同理，若你能抓緊瑣碎時間，認為那段時間能用來讀書，那就不會白白浪費時間。

你可以先確認，除了讀書和必須花費的時間以外，還有多少空閒時間，因為對於念書的人來說，這些零碎的時間不是可以隨便放棄的，而是要加利用。

四、要有提高學習品質的環境

學習，重要的不是數量，而是品質。為了達到高品質的學習，創造一個集中精神的環境非常重要，把手機放在桌子上或者調成靜音，也放棄念書聽音樂的習慣吧，如果手機一直有訊息傳來，人就無法集中精神。當我決定讀書的這一段時間內，我會把手機關機或放在看不見的地方，因為只有這樣，我才能安心專注學習。

我個人認為讀書時，聽音樂或者聽白噪音對學習沒有幫助，在讀數學或科學時，可能會有點用處，但學習語言領域，需要透過深呼吸穩定心神後，來理解和推論文章的流向，因此盡量不要聽白噪音。

妨礙學習的因素很多，很多人為了強迫自己投入學習環境，而邊學習邊使用白噪音，其實**不管是什麼，都要避免過度依賴，並盡可能遠離手機，創造可以讓自己投入的環境**。

五、提高學習自尊感

學習是孤軍奮戰，因此要培養在任何情況下，都能堅持下去的學習自尊感。提高自尊的方法有很多，其中一種是周遭人的鼓勵和稱讚，例如模擬考試成績稍微提高，深夜回到家時，家人一句「你辛苦了」的鼓勵話語能讓考生們喘口氣。

但只要學習的時間一拉長，周遭人們的視線就會立即變得冷淡，親密的家人或熟人就算什麼話都不說，自己也會忍不住看他們的眼色，因此我們必須提高自尊心。意外的是，即使是微不足道的小事，也能幫助我們提高自尊心，只是需要不懈的努力而已。

例如，凌晨早早起床，制定一天的計畫表，充實度過零碎時間等，可以說遵守了和自己小小的約定，若反覆實踐這種事情，成為習慣，不知不覺中就會更信任自己，自尊也會一下子提高。在學習時，這些小小的習慣會成為大支柱，改變很多東西。如果長期這樣充實利用一整天的時間，那麼呆呆的滑手機、打發時間的事情也會減少，浪費的時間越少，自尊心就越強。

透過周圍他人的稱讚和認可，所提高的自尊感是暫時的，但相信我，遵守和自己的約定，所獲得的成就感，會成為比任何東西都更強烈的動力，並提高自尊感。我將在第四章中更仔細的說明學習自尊感。

不會背叛你的K書竅門

為了以正確的學習方法來養成讀書習慣，最重要的是學習的基本態度，制定一天的計畫，用零碎的時間來確保學習時間，創造提高學習品質的環境。若具備了基本態度，那麼「分割反覆」的學習方法就會如虎添翼。

03 戰勝三分鐘熱度的讀書習慣

習慣就像刻在樹皮上的文字一樣，隨著那棵樹的成長而一起變大。

——英國蘇格蘭作家，塞繆爾・斯邁爾斯（Samuel Smiles）

沒有人比我做過更多三分鐘熱度的嘗試，我甚至可以開玩笑說：「我的興趣就是三分鐘熱度。」但經過反覆努力，不知不覺中就掌握了無法堅持的原因和克服失敗的方法。

我的計畫之所以老是只有三分鐘熱度，大概有三種原因：疲勞感、厭煩感、不安感。這些原因同時出現的話，會有加乘作用，所以一開始就要避免。

人在實施計畫的第一天，在有確實動力的情況下努力K書，感到無比自豪，但從第一天開始就投入了過多精力、體力透支，會導致第二天很難早起，再加上厭倦每天都要念書，於是開始拖延，就這樣一天一天推遲該做的功課，不知不覺就會出現「厭世主義」的心態，又因為知道不能這樣盲目拖延和迴避，內心深處因此湧上不安感，這就是很多人時常出現的「三分鐘熱度」。

不管是什麼計畫，若開始的第一天就過度努力行動，那麼第一天就會把所有的能量用光。第二天開始，連早起都很難，什麼都不想做。也就是說，無論做什麼事情，最重要的是及時消除當天的疲勞。

要消除疲勞，首先睡眠要充足，每天至少要睡六到七個小時，隔天起床時身體才會輕鬆。並且不要躺在床上玩手機，更不能被廣告縮圖吸引，而按下任何影片或播放按鈕，手機滑著滑著，一、兩個小時就過去了，要入睡還得花很長的時間。

除了充足的睡眠之外，緩解疲勞也很重要，也許你會覺得讀書時間已經很緊湊了，哪有時間運動，但只要好好利用我之前說的零碎時間，就可以毫無壓力的運動。每天堅持做三十分鐘的伸展運動，或走樓梯等輕微的有氧運動，都有助於睡眠；冥想也是好方法。但如果連這個都不喜歡，那麼只要午睡三十分鐘就能消除疲勞了，太疲勞的話早上起不來，而早上起不來的話，很容易讓你制定的讀書計畫，變成三分鐘熱度。

戰勝三分鐘熱度的方法：想想「首先」

「開始是成功的一半」這句話是真理，**雖然有目標，但如果不知道具體該如何實行，我**

建議你可以在日記本寫下今天要做的事情，分割欲實現的大目標後，設立小目標和實施計畫，這樣既容易執行，也能讓心情比較放鬆，最重要的是，絕對不會放棄。

面對越是不想學的、辛苦的工作時，若想按照計畫進行，就要從熱身的角度來制定小目標和實行計畫。如果提前模擬今天要花多少時間完成計畫、哪個部分特別困難，煩躁感就會逐漸消失，開始執行真的是成功的一半，哪怕只有一次，也要打破三分鐘熱度。

我以自己作為例子，在心態上，開始K書的頭兩週，我每天都要抵抗厭煩感，第三週到第六週，要警惕沒有明顯變化的自己。應當擺脫雖然每天堅持不懈，但實力為何沒有提高的疑慮。而兩個月過去，到了六個月之後，終於感覺到了自己的變化。

最近我一邊看美劇一邊用影子跟讀法（shadowing）學習英語，影子跟讀法是為了提高外語的聽力和口說能力，一邊聽外文一邊跟著說的學習方法。

早上起床，第一時間會產生「今天就多睡一下子吧」的想法，但是這時如果先爬下床，快點播放電視劇影片，即便你還沒睡醒也會盯著影片看，跟著唸一、兩句，最後就能跟著主角唸出臺詞。

所以，猶豫不決時，就想想「首先」。首先，做一些自己力所能及的小事；首先，把書翻開；首先，按下筆記型電腦的電源鍵；首先，去洗臉吧，然後我們就能開始了。

堅持六個月，不安自動消失

即使制定目標並好好執行，也會產生「我是否在執行正確方法」的不安感。這種情緒不僅會讓我們前功盡棄，還會妨礙我們讀書的努力。人如果感到不安，就會想迴避計畫或目標，於是找其他事來做，例如玩遊戲或看電視等，漫無目的的虛度一天，結果就是越加不安，進而動搖考生的精神，妨礙專注力。

從我抵抗不安的經驗來看，平息不安的唯一方法就是「堅持六個月的毅力」。無論是什麼目標，在六個月內一直朝目標邁進，如果第一次下定決心克服了三天，就堅持到一週、一個月、三個月、六個月吧。

剛開始會很有魄力，而且也不太需要看周圍人們的眼色，因此可以減少焦慮，這時就是個機會。如果有人說六個月長，那麼我們比較（雖然有點抱歉，但考試不及格的）六年後的不安和六個月後的不安，之間有多大的差異。

只有回答「差距非常大」才是正常的。因此，決心念書的第一個六個月是消除不安的大好機會。如果是讀書超過六個月的人，他們因讀書時間越長，所以對考試的不安感就越重，這類人會一直想考試會不會及格，或者成績沒有提高怎麼辦。可是，這時思考未來的事，對自己並沒幫助。我想告訴你們，不要去考慮最近的未來、一個月後或者明天，要集中精力完成「今天」和「現在」的計畫。

以我自己為例，越是不安，我越不會把眼光放遠，只關注「現在是否按照計畫看了三遍這本書」。若運用「1／4／7／14讀書法」至少看了三遍，那麼心情就會變得異常愉快，內心會平靜下來，並且相信無論考試結果如何，自己都盡了最大努力，因此能夠激勵自己。

面臨考試，越是感到不安，越要立刻集中精神執行今天的計畫，能平息你焦慮的，只有今天的你。

> **不會背叛你的K書竅門**
>
> 為了斷絕「疲勞感—煩躁感—不安感」的三分鐘熱度惡性循環，請記住六個月的法則，六個月以來遵守自己諾言的人，不會被不安感所淹沒。

04 分割分割再分割，我這樣考上醫科

以焦躁的心，沒有周密的計畫，就先砌磚的話，那麼註定會失敗。

——十七世紀著名的哲學家，巴爾塔沙·葛拉西安（Baltasar Gracián）

凡事以計畫優先，在制定計畫時，必須以長期目標為準，客觀判斷現在自己的水準，只有這樣，才能設定符合長期目標和中期目標的詳細計畫。擬定詳細計畫時，也要先掌握自己的基礎，要先確認自己能專注多長時間，以及在三十分鐘或一個小時內，各科目的讀書分量有多少，再制定詳細的計畫。

像這樣**將計畫分為長期、中期、短期階段，制定詳細計畫時，必須進行三個準備運動。第一，首先掌握自己的學習能力；第二，每天設定能夠實現的目標，我認為這是每個人在制定計畫時，都必須考慮的事，但制定計畫時最重要的是第三點，需要反省的時間。**

這三個準備運動，是制定詳細計畫時最重要的因素，首先，若一週內都按計畫執行，可以自認為已經成功三〇%了，當該計畫執行兩週、四週後到八週時，讀書就會成為習慣。

制定計畫表時，要低估自己的能力

念書的人除了看考試成績和結果之外，還有哪些方法能了解現在狀態？我認為念書時最重要的是「計畫表」。計畫表能讓你確認自己現在的狀態，今天把計畫做好的話，明天按照計畫執行就可以了。

這也不是什麼新鮮事，但是環顧周圍的人，按照計畫表實踐的人屈指可數。明知計畫表是指標，為什麼我們無法按照計畫表生活？理由在於我們制定的是無法負荷的計畫，無論目標多麼遠大，想要接近目標，就要按照最小限度的計畫一步步的進行，如果因為過於龐大的讀書分量，或以與自身能力不符的過度欲望制定計畫，無異於自找失敗。

制定計畫表時，即使一天能念完一百頁，目標也要設定七、八十頁左右，因為如果制定過多計畫而未能實現，未完成的進度就會逐漸累積，也會更加疲勞，甚至會擔心「我為什麼意志力這麼脆弱」，連帶失去自信。

因此，制定少量的計畫比自己能承受的極限更為重要，這樣就可以順利消化計畫好的東西，透過小小的成就，來提高自信心和自尊心，在這個過程中，只有感到自己正在不斷成長，我們才有持續學習的動力。

你的計畫會失敗的另一個原因是「看不到目標」。我們通常會為了欲實現的目標，而制定計畫，但是如果這個目標太過遠大，很難掌握馬上要做的是什麼，會怎麼樣呢？

舉個例子，假設有一位考生以「考上 SKY 大學」為目標正在擬定計畫，為了達成目標，他今天應該馬上念什麼呢？「好像要看韓國教育廣播公司出刊的考古題專題，不對，應該先看一遍教科書再開始嗎？」如果盲目開始的話，只會毫無系統的學習，結果不知道要先做什麼，不知道要花多少天、需要幾天時間，連最優先順序也不知道是否正確，當然會感到不安，而且會把很多令人窒息的考試書籍和考古題堆在一起，先嚇死自己。

因此，制定計畫表時，應先從最終目標反推回分割的工作開始，例如我在制定計畫表時，會先設定一年後的目標（左頁圖 2-1），然後逆推回制定六個月→一個月→一日計畫。

高三時，我的一年計畫是「進入醫科」。一年計畫的目標可以定得高一點，因為這是最終目標，之後的六個月計畫是「決定上半年和下半年，欲集中閱讀的科目」，並以一個月為單位劃分，以什麼科目、什麼題庫、如何學習等來具體做出計畫，我根據自己想考上的科系有沒有要求的科目分數加權，來判斷是否該更加努力讀哪個科目。

以我為例，上半年的目標是念五次數學、五次科學，以及背三千個英文單字和讀十本書；下半年則是念十次數學、十次科學以及背五千個英文單字，和做報紙社論的摘要，接著透過「1／4／7／14 讀書法」制定了具體的計畫。

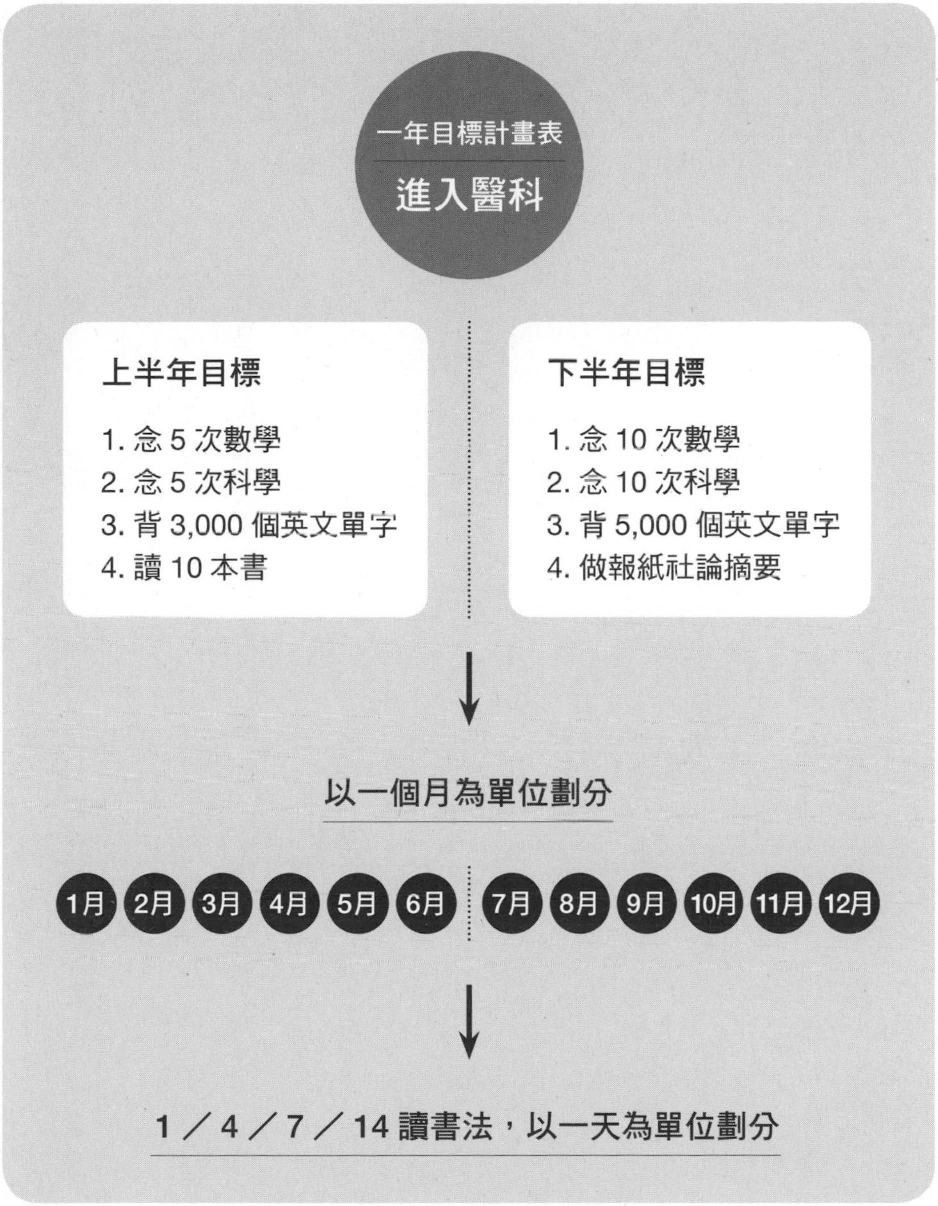
一年目標計畫表
進入醫科
上半年目標
1. 念 5 次數學
2. 念 5 次科學
3. 背 3,000 個英文單字
4. 讀 10 本書
下半年目標
1. 念 10 次數學
2. 念 10 次科學
3. 背 5,000 個英文單字
4. 做報紙社論摘要
以一個月為單位劃分
1月 2月 3月 4月 5月 6月 7月 8月 9月 10月 11月 12月
1／4／7／14 讀書法，以一天為單位劃分

▲圖 2-1　計畫表劃分示例

這樣分出一個月的讀書分量後，一天的計畫就很容易完成，其他科目也是如此。**此時最重要的是低估自己，剛開始一定要訂比較少的計畫，以後才不會因為積累讀書分量，而感到疲憊**，就像汽車發動機也需要預熱一樣，我們的身體和心態也需要預熱。

如果時間充裕，可以超前計畫表上的進度，每天早上起來就先寫好計畫表，複習前一天念的內容，然後先瀏覽約一〇%當天要念的內容，這樣之後讀的分量會減少，也會減輕壓力，晚上還可以進行輕鬆的運動或休閒活動。

而且越是討厭的事情，就要先努力做完。所以，為了不把早上不想念的科目延到下午，我會提前準備，直到現在依然也維持著這個習慣。

例如，二〇一九年，我的一年目標是「在英語系國家暢行無阻的溝通」，為了達成這個目標，我把上半年計畫和下半年計畫分開後，再制定一個月計畫，接著再制定一天計畫。因為考試不是我的目的，所以專注制定一個快樂的學習計畫。然後利用零碎時間，同時準備美國醫師執照資格考試（United States Medical Licesing Examination，簡稱USMLE）第一階段，如左頁圖2-2所未，就將當時的計畫表整理得一目瞭然。以一年為目標，目標學習量則以六個月、以一個月，還有以一天為單位來分割，如果按照此方式把目標分開來看，今天我要做的事情並不難。

像這樣，如果確定了實現目標最需要的是什麼，那麼按照六個月↓一個月↓一天的順序，依照自己應該學習到什麼程度，來制定詳細的計畫吧。如果仔細制定，不要有過分的欲望，

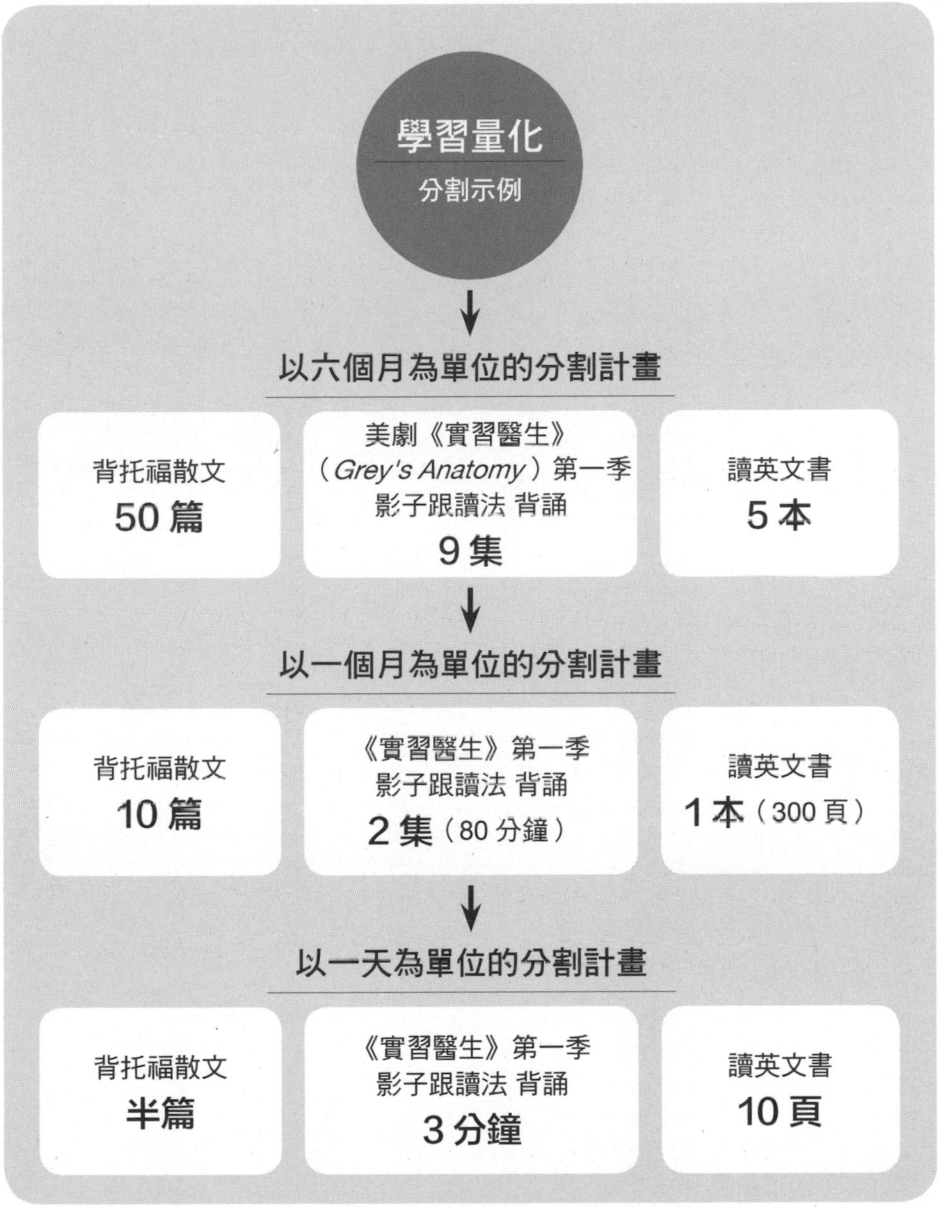

▲圖 2-2　學習量化分割示例

去好好實踐，大概就能找到的出口。

一週計畫表，只需一張A4紙

一週計畫表只要一張A4紙就夠了，為了能讓大家快速理解，請參考左頁圖2-3。將A4紙縱向分成三等分，橫向分成七等分，這樣則有二十一格。我用這二十一個格子做成一星期的計畫表。首先，把一個月的計畫做好之後，再制定並實施一週計畫，如果一週的計畫能成功落實，那麼接著制定三週的計畫。因為無論我們把計畫制定得多麼詳細，也要經過一星期才能判斷是否能夠執行，之後才能制定更可靠的具體計畫。

A4計畫表最左側部分，是記錄我每週能分配學習時間的「時間表」，我星期一和星期二要念書的時間為上班前三十分鐘、午休剩餘時間三十分鐘和下班後的一小時三十分鐘。然後週三中午有約，所以無法利用午休時間，不過因為妻子帶小孩回娘家，所以可以利用整個晚上，寫上四個小時。像這樣如果按星期寫上自己可以自主學習的時間，一週的念書時間自能一目瞭然，例如按照每週共有約二十小時的讀書時間來分配計算，制定適合為期一天的學習計畫即可。

計畫書的中央是「待辦事項」，寫下我一週內學習的目標量、確認進度。

最右側的空間則是反省空間，以一天或一週為標準，寫出自己浪費的時間或未能實現目

時間分配			待辦事項	反省／檢討
星期一	早上	30 分鐘	散文 #51	沒有，順利完成！
	中午	30 分鐘	多益 R／C p.38～45	
	晚上	1 小時	多益 R／C p.46～62	
星期二	早上	30 分鐘	複習星期一內容	中午很睏，k 書的量很少。
	中午	30 分鐘	散文 #52	
	晚上	1 小時 30 分鐘	多益 R／C p.63～79	
星期三	早上	30 分鐘	複習星期二內容	下午開會，讀書進度延遲，週末要追加。
	中午	30 分鐘	看書	
	晚上	4 小時	多益 R／C p.80～95	
星期四	早上	30 分鐘	複習星期三內容	追上昨天沒念的多益 R／C 進度。
	中午	30 分鐘	散文 #53	
	晚上	1 小時 30 分鐘	多益 R／C p.96～111	
星期五	早上	30 分鐘	複習星期四內容	克服週五晚上的誘惑，早早回家念書。
	中午	30 分鐘	散文 #54	
	晚上	1 小時 30 分鐘	多益 R／C p.112～127	
星期六	早上	1 小時	複習星期一到五內容	早上很難念書，下週念書時間要增加。
	中午	1 小時	散文 #55	
	晚上	2 小時	多益 R／C p.128～149	
星期日	早上	1 小時	複習星期一到六內容	晚上專注力佳，很棒的一週！
	中午	1 小時	散文 #56	
	晚上	2 小時	複習星期一到日全部內容	
	共計 20 小時			

▲圖 2-3 一張 A4 紙大小的週計畫表

標之理由。舉例來說，如果星期一遇到突然有朋友聯絡我，我就會寫上「臨時和朋友見面」，並寫上當天無法完成進度的原因。

按照上述計畫，我預計要念二十個小時的書，但我實際念書的時間是計畫的八〇％——十六個小時，也就是說，我一星期內能念的量不是二十個小時，而是十六個小時，之後每週計畫表中將制定十六個小時的讀書分量，因為這才是我的節奏。

要隨身攜帶這個A4計畫表，仔細記錄因為什麼原因而導致浪費時間、推遲計畫或未能實施等，然後反省，減少這種時間。雖然也可以在日記本上制定計畫，但用A4計畫表的特點是，打開後就能馬上確認並記錄下來，所以更方便。

制定計畫表的方法

① 目標設定在力所能及的七〇％～八〇％。
② 一年↓六個月↓一個月↓一星期↓今天，以逆推的方式制定計畫。
③ 一張A4紙，讓一星期的計畫一目瞭然。

05 背誦之神的反覆讀書法

透過出色訓練和反覆去做的就是藝術。

——古希臘哲學家，亞里斯多德（Aristotle）

偶爾，其他科的醫生們為了接受皮膚護理而來到我們醫院，我一直對讀書法非常感興趣，所以時常問其中幾位私交甚篤的朋友的讀書法，然後我和說是「學習之神」也不為過的兩位醫生正式討論了一下。

朴醫師是影像醫學專家，擁有卓越的背誦能力，曾以前一〇%的優秀成績通過韓國醫師國家考試，從梨花女子大學畢業時，畢業成績在八十六名中排名第七；崔醫師的大學入學考試數學滿分，是數學頭腦與眾不同的整形外科專家和軍醫。

我和這兩位醫師在聊到考生時期的事情時，我再次感受到了，會讀書的人的讀書祕訣可以集合成一個特點，就是徹底的反覆學習和激勵，沒有比這個更容易提高成績了。

朴醫師從學生時代開始就被稱為「背誦之神」，她強調**在背誦之前應該先行理解，只有自己融會貫通，才能好好向別人解釋，以理解為基礎的背誦，比單純的背誦更讓人印象深刻**。我完全贊同這個論點，背誦不是盲目的背，要想長久記住，必須理解，平時所學的東西，只要及時理解，好好複習，之後考試前只要瀏覽重要部分，記憶就會清晰。

「雖然我沒有預習，但會徹底的複習，尤其是當天學到的東西，我睡前一定會再看一次，就算分量再多，只要在正確理解的狀態下反覆閱讀，這些內容自然會記進腦子，所以我花費了最多的時間用來理解。我覺得這就像是『扣第一個鈕釦』，只要把第一個鈕釦扣好，第二天就馬上複習前一天學到的知識，今天學到的東西當天就馬上複習。

「海馬迴負責人類學習或記憶的機制，其短期記憶力只有七、八分鐘，要形成長期記憶，必須複習，因此我睡覺前一定要複習當天學到的東西，只有不斷複習才是生路。」

根據朴醫師的學習方法，每天複習當天學到的內容，就算面對考試也不會有太大的壓力。朴醫師說她在考前至少會重看三次，但在準備醫師國考時至少重看了三十次。這裡的重看是指反覆閱讀某一部分的次數，因此，朴醫師在準備醫師國考時，反覆閱讀和理解了考試範圍三十次。我看了她以前一〇％成績，通過醫師國考的K書筆記，果真是整理的完美。令人印象深刻的是，每頁都用便利貼整理。

「我把便利貼用在單獨整理背誦上，平常複習時，只把精華部分寫在便條上或用螢光筆標記，考前就挑重點看那個部分，為了讓自己熟悉學習的內容，能夠熟記是最重要的。」

因為她複習得如此徹底，才會以優異的成績從醫科畢業。她讀書的核心在於完全理解平時所學的內容後，反覆背誦，消化吸收內容，成為自己的知識，並使之轉化為長期記憶，這也是我認為最重要的讀書方法。

艾賓浩斯的遺忘曲線理論，也充分的體現了反覆學習的重要性。讓我們一起來看下頁圖2-4中，遺忘曲線的粗線部分，根據遺忘曲線，人學習之後會開始遺忘，一小時後，已學習的內容約會消失五〇％，一個月後幾乎全都不記得了，就算再聰明的人，在這個遺忘曲線上也毫不例外。

那麼，戰勝遺忘的方法是什麼呢？只有一個——堅持不懈的重複，總歸來說，考試要考得好，關鍵在於不忘記學會的東西，以及能記得多久、記得多清楚。從這點上來看，沒有比「1／4／7／14讀書法」更適合反覆學習的複習方法了。

準備數學，靠身體記憶

「我國中的時候，成績很普通，在班上只排名七、八名左右，不算是很會念書。」

崔醫師數學頭腦出眾，於是我問他，從平凡的中學時期到考上醫科，他怎麼學習很多學生都覺得很難的數學科？他的回答出乎意料。

「我在準備大學入學考試數學時，主要集中在『得出公式的過程』。從教科書《數學的定式—基本篇》裡，可以看到一個公式被導出直到得到證明，專注的反覆閱讀得出公式的過程，然後按照解答公式出現的深化問題順序學習。

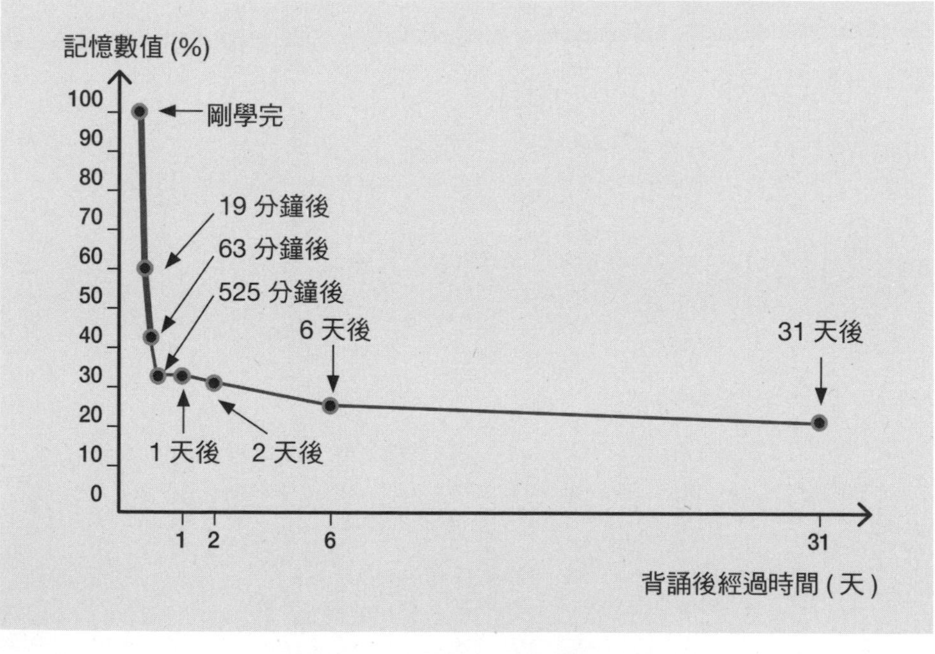

▲圖 2-4　艾賓浩斯遺忘曲線

「一般從考試前三週開始，我會將考試範圍分成五天分量，然後看一遍，考試前一天再快速念兩次，考試前總共重看三次。」

在崔醫師的數學學習方法中，值得關注的是，不只是單純背誦公式，而是把重點放在了理解其原理。例如在學習根號的公式時，如果說解題過程是十個階段，那麼他會去理解每個階段的原理，反覆解題。如果一一理解各個階段得出公式的過程，就可以輕鬆得知原理。

崔醫師不會一次看好幾本書，而是同一本書至少看五次以上，此時重要的是，**數學題不是用頭腦解，而是用手寫出來的**。他在解答過程也整理得乾淨俐落，以便日後能再次複習，在檢查錯誤的問題時，也不只是在腦海中檢查而已，而是一定要用手重新寫出解答，反覆做這個過程。

數學不是用頭腦，而是要動手去解的科目，因此比起只用頭腦思考，更重要的是讓手熟悉解題過程，並使身體記憶，這樣無數的公式自然而然就會內化。這不僅適用於數學，也適用於其他科目和考試，不要只有在腦海中理解，而要用自己的語言或文字來重新整理，那樣記憶才會留得更加長久。

訪談完兩位醫師後，我回顧了一下內容，發現和我想像的有很多相似之處，也再次感受到複習的重要性。我也會在背誦之前先徹底理解了原理，且為了不忘記，第二天再次複習。

這麼做之後，第二次複習只需要花費一半的時間，接著複習時間再減少到四分之一。複

習越多，不僅能讓內容成為長期記憶被儲存在大腦中，而且複習時間也會減少，效果也會倍增，這就是學霸們的共同祕訣。

不會背叛你的K書竅門

把短期記憶變成長期記憶的力量在於「反覆」，反覆的力量會塑造身體記憶，記憶的身體會培養成習慣，而習慣會造成結果。

06 改變我人生的1／4／7／14讀書法

行動的價值在於將行動執行到底。

——成吉思汗

「託老師的福，我考上了醫科。」

「插班考試及格了，沒想到我會及格！」

「我的成績居然會這麼高！」

在我的YouTube影片中，得到訂閱者最多的及格感想反饋的內容，就是「1／4／7／14讀書法」。這個學習法是利用「分割」和「反覆」，來完成的系統性複習法，也是實現我夢想的一等功臣。

最近有越來越多的人對這個讀書法提出反饋，說自己突破極限，實現了想要達到的目標，讓我感到十分有意義，透過系統複習學習的內容，可以完全變成自己的東西。

接下來，我要具體介紹，我在前文曾簡單提過的「1／4／7／14讀書法」。

雖然乍看之下，你可能會覺得這個方法看起來非常複雜，並且難以執行，但我希望從打開這本書開始，你能願意嘗試花兩週，用這個方法來K書，我想這對於儘管知道複習的重要性，卻始終沒能實踐的你而言，是最明確的複習模式了。首先，讓我們先來了解這個讀書法的基本原理。

公式：從一、四、七、十四裡，減掉一、三、六、十三。

這個讀書法的核心在於創造反覆學習的模式。我再重申一次，**反覆學習的目的，是為了讓我們在忘記所學內容之前，將其轉變為長期記憶，而創造出這種模式的理由，在於幫助我們更容易進行反覆學習**。

看到這裡的讀者，應該已經猜出「1／4／7／14讀書法」這些數字的涵義了，這些數字是讀書的天數。也就是說，1是讀書的第一天，4是讀書的第四天，7是讀書的第七天，14則是讀書的第十四天。

換句話說，該公式是根據我們讀書的天數，扣掉「一、三、六、十三」之中可以減掉的數字，減掉之後所出現數字，就是我們當天要複習的內容。接下來，我舉個例子，讓似懂非懂的你看看吧（參考下頁圖 2-5）。

假設今天是我們讀書的第十四天，而十四這個數字可以減掉「一、三、六、十三」這全部四個數字。也就是說，「十四－一＝十三」代表的是我們要複習昨天第十三天讀書的內容，而「十四－三＝十一」則代表我們要複習第十一天讀書的內容。

以此類推，我們在第十四天，也要複習第八天和第一天讀的內容。以這樣的方式來進行，那麼第一天讀的內容將會有四次複習的機會。

Day 1 第一天請帶著熱身的心情，來學習較少的分量

第一天用原子筆在重點內容劃線來開啟讀書進度，這天我們一定要牢記的是，不要過於勉強自己超前進度。**這個讀書法的核心在於，就算每天都有新的讀書進度，也仍然不間斷的複習前面學過的內容，才會提高讀書的效率。**

因此，誠如在讀書的基本態度裡所強調的一樣，如果從第一天開始，就勉強自己超前進度，就會增加後面需要複習的分量，那麼你會很快感到吃力。因此，在第一天熱身的同時，維持適當的讀書分量是很重要的。

			−1		−3		−6		−13
Day 1	進度								
Day 2	進度	+	Day 1						
Day 3	進度	+	Day 2						
Day 4	進度	+	Day 3	+	Day 1				
Day 5	進度	+	Day 4	+	Day 2				
Day 6	進度	+	Day 5	+	Day 3				
Day 7	進度	+	Day 6	+	Day 4	+	Day 1		
Day 8	進度	+	Day 7	+	Day 5	+	Day 2		
Day 9	進度	+	Day 8	+	Day 6	+	Day 3		
Day 10	進度	+	Day 9	+	Day 7	+	Day 4		
Day 11	進度	+	Day 10	+	Day 8	+	Day 5		
Day 12	進度	+	Day 11	+	Day 9	+	Day 6		
Day 13	進度	+	Day 12	+	Day 10	+	Day 7		
Day 14	進度	+	Day 13	+	Day 11	+	Day 8	+	Day 1

▲圖 2-5　1／4／7／14 讀書法日程表範例

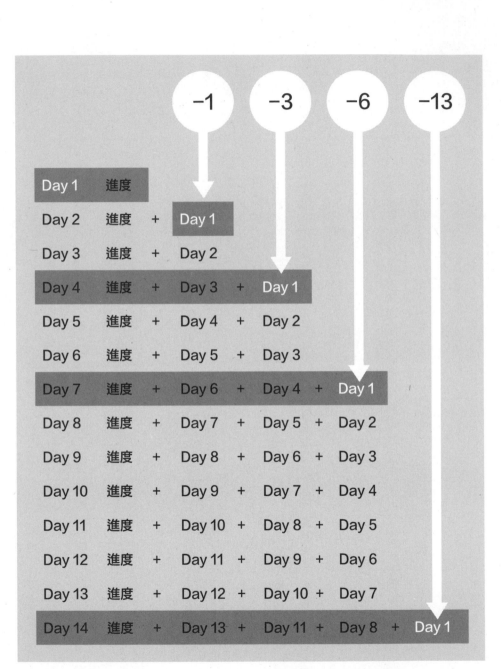

Day 2

今天早上要回想昨天讀的內容

如果昨天是開始讀書的第一天，那麼今天的複習就是最重要的，我們必須在昨天讀的內容從記憶裡消失之前把它抓住，因此今天在開始新進度之前，早上一定要先回想昨天讀過的內容。

我每天清晨六點起床，並且一定會在七點之前，複習完昨天讀過的內容。此外，我複習前一天讀書內容時，主要閱讀用原子筆劃過線的重點部分，而記憶模糊的部分則用「淺色螢光筆」標記。今天的我們，一定要將昨天讀的東西內化，因此請務必記住，未來的每天早上，都要反覆複習前一天所學過的內容。

Day 4

讀完今天的進度之後，複習第一天的內容吧

到了第四天，我們終於要第二次複習第一天的讀書內容了。第四天複習的時候，主要是再讀一次用原子筆劃線的重點內容，以及第二天複習時用淺色螢光筆標記的部分，如果此時還有比較不懂的地方，就用「深色螢光筆」標示，讓它醒目一點。

我們重新整理一下，在第一次攻讀新進度時，重點內容用「原子筆劃線」。隔天早上複習，進行第二次閱讀的時候，在不懂的地方以「淺色螢光筆」標示，因此第二次閱讀完畢時，

會同時有原子筆畫線和螢光筆的標記。

直到進行第三次閱讀時，才把不記得的部分用「深色螢光筆」再次確認。這麼一來，到考前時間不夠時，我們就可以把自己背不起來，或者很難背起來的部分，依照「深色螢光筆」→「淺色螢光筆」→「原子筆畫線」的順序複習。

Day 7

第一天讀的內容，要複習三次之後再解題

到第七天，第一天學的內容已經讀過三遍了，第一天讀一次，第二天複習一次，第四天又再複習一次，第七天我們當然也要複習，在這段時間裡三次閱讀時標記的部分。當我們這樣複習已經反覆閱讀三次以上的內容時，你將會發現複習的時間比之前縮短許多。

我在複習時間開始縮短的第七天，會嘗試解第一天讀書內容的相關題目，一方面每天都只看書會讓人厭倦，另一方面解題時也會有新發現。許多人會在當天讀完之後，就把後面的題目也做完，但這樣的讀書方法對考試毫無幫助，剛剛才看過的內容當然能記得很清楚，可是剛讀完所產生的短期記憶，隔天就會消失了。

如果過了一星期後，你沒忘記上次的內容，那麼，這樣的記憶有很大的機會能夠持續到考試當天。因此，與其急著解題，不如先認真複習基本內容。

Day 14

只看用深色螢光筆標記的地方

到了第十四天，除了讀新的進度，還要複習第十三、十一、八天及第一天的學習內容。學習量絕對會變多，所以從第十四天以後開始，複習第五次時，只看用深色螢光筆標記的部分即可。

隨著時間的推移，需要複習的量會越來越多，雖然有點困難，但因為是已經看過很多次的內容，所以速度會加快，到這個程度，讀過的內容已經內化，熟悉的內容，念起來就容易多了。

Day 14之後

之後升級到1／4／7／14／30讀書法

如果用「1／4／7／14讀書法」持續學習兩星期的話，之後也試著用同樣的方法進行到第三十天吧，「1／4／7／14／30讀書法」就是「1／4／7／14讀書法」的升級版，和之前的方式一樣，複習去掉一、三、六、十三後的日子的分量。

三十天以後該怎麼學習呢？假設要念一千頁的書，首先設定三十天內讀五百頁，透過「1／4／7／14／30讀書法」一次通讀。這裡的通讀是指從頭到尾看完整篇文章的通篇閱讀，三十天內讀完五百頁之後，再以十五天為基準，用「1／4／7／14讀書法」讀五百頁，相當於把半本書讀完兩次。這樣在四十五天內完成兩次通讀後，從五百零一頁到一千頁再開始新的進度即可。

三十天後，透過這種方式來重新審視重點，或者延續之前制定的計畫也是一種方法。但是在這個過程中，每天簡單複習之前學習的內容也很重要，因為已經是第二次通讀，所以重新翻看內容時，再度回憶起來，就會產生自信心，因此也不會出現不安感或低潮。

這個讀書法剛開始可能很枯燥緩慢，但越累積就越驚人，就像放在櫃子裡的書，大多前半部分都有認真學習的痕跡，但中間以後比較乾淨，每次都從頭開始重新學習的我們，不知從何時開始，對前面部分的內容已經相當熟悉，可以看作是反覆學習的力量。如果說「1／4／7／14讀書法」和上述方法有什麼不同，那就是在複習的過程中，還可以學習新進度。之前我們已經了解「1／4／7／14讀書法」的模式，現在讓我們來學習一下支撐這個讀書法的具體技巧吧。

• 祕訣一、放棄進度欲望

該學習法的核心是，在忘記學習的內容之前，不斷重複，使其轉換為長期記憶，今天念的內容是明天複習的分量。因此進度必須按照可以複習的分量進行，不要貪心。

學習時急於求進，只顧著往前跑，不是一個好辦法，完全理解和複習後，再進行下一個進度會更有效。當然，如果像司法考試一樣分量太多，就要在減少進度的同時，在短時間內大量重複閱讀，但如果是準備大學入學考試或公職考試、專業考試等的人，就制定可以慢慢複習的分量計畫。

●祕訣二、螢光筆按照顏色來決定用途

我通常在重要部分塗上黃色的螢光筆，背誦的部分塗上粉紅色的螢光筆，第一次K書時，在認為重要的部位用原子筆劃線。背誦時，一般會用眼睛讀標記的內容，但如果背不起來，就會在書本或教材的空白處寫下來背。

之後第一次複習時，最好再精讀一次。這時看劃線的部分，再次用黃色螢光筆標記重要部分，之後第二次複習時，不用仔細閱讀，只看劃線部分和黃色螢光筆部分，而不太清楚或記不住的部分，就用比黃色更顯眼的粉紅色螢光筆標記。

我之所以這麼做，是因為「1／4／7／14讀書法」的特性，是複習的分量會逐漸增加，所以必須減少每天增加的複習量，若把重要部分、背不下來的部分一目瞭然的整理好，就能在短時間內有效完成複習。以自己的喜好和愛好來選擇書寫工具的用途，螢光筆也要根據顏色來分別用途，重要的是，必須以自己的方式，來標示第二次讀和第三次讀時需要看的部分。

●祕訣三、複習時，只須用眼睛快速閱讀螢光筆畫線部分

第四天複習時，可以看之前標記螢光筆的部分，吸收精華，第二天標記的黃色螢光筆、粉紅色螢光筆，還有偶爾會看到黃色和粉紅色相疊而變成橙色的部分，用這種方式，主要複習塗上螢光筆的部分。今天我念的部分，第二天早上再複習一次，第四天再複習一次，第七天和第十四天還會再複習一次，這樣算起來，足足念了五次。讀書時，即使進度稍微慢一點，也要這樣把精華留下來，才能長長久久的記住。

• 祕訣四、最後的整理要在複習筆記中一目瞭然

如果用兩週的時間來熟悉這個讀書法，然後升級成「1／4／7／14／30」的複習週期，那麼接著最重要的，就是提升之後的複習速度。我大約複習三次之後，就已經熟記了內容，所以從那個時候開始，就按照每個單元整理筆記，在筆記本的空白處，補充記錄答題時答錯的例子和深化的內容，並記下自己還不熟悉的部分，那麼，這個複習筆記就完全變成了精華筆記，在複習時或者上考場時，都能充分發揮自己的作用，我會在後面詳細說明筆記整理法。

• 祕訣五、不要用背誦的內容來解題庫

無條件背下內容和寫題庫不是萬能的方法，當天背的內容馬上用來解題庫，當然立刻就解開了，但是實際考試中出現的問題，並不是當天學會的內容，所以我直到第七天才用題庫評量。

由於第一天讀的內容至少讀了三次，所以一週後我們會覺得自己已經掌握了念過的部分，

這時可以開始寫題庫。透過題庫，我們會發現自己的缺漏之處，例如：本來以為懂的部分錯了，根本不懂的部分也錯了，接下來要把這些部分重新整理在複習筆記上，在考試前重新看一遍效果會更好。

不會背叛你的K書竅門

複習不是原地踏步，放下焦急的心情，尋找自己的節奏，提高學習的投資報酬率吧。

07 我的患者用這方法，四個月就考上醫學院

在準備上失敗就是準備好要失敗。

——美國開國元勛之一，班傑明．富蘭克林（Benjamin Franklin）

「1／4／7／14讀書法」的目標，是在十四天內每天按照進度讀書，同時反覆複習，並養成讀書習慣，習慣了十四天以後，念書就容易多了。光從幾部介紹這個讀書法的影片瀏覽人次來看，YouTube上的點擊率截至我撰寫本書當下已經超過了五百萬次，我得知有這麼多考生正在急切尋找努力的方法，嚇了一跳。

有些人用「1／4／7／14讀書法」，製作可以制定學習計畫的免費App，也有人按照自己正在準備的考試或科目，來修改複習週期。但並非所有運用這種方法的考生都獲得了成功，我與許多訂閱者透過留言和電子郵件交流時，發現了決定這個讀書法成敗的差異。事實

上，成功與失敗只在一線之差。

用「1／4／7／14讀書法」只花四個月就考上醫學院

有一天頻道訂閱者賢宇來找我，告訴了我一個好消息。賢宇是我醫院的病患，在大學入學考試前一百二十天看到我的頻道後，讀書改以複習為主，最後在大學入學考試中幾乎拿到了滿分，錄取了首爾大學醫學系。

「看到院長的影片之後，我就想『啊，我的讀書方式好像有點不對勁』，所以就改為複習為主。準備重考的最後四個月，我獨自在K書中心念書，透過一一實踐複習週期，按照自己的方式來進行提升讀書法，這個方式似乎是正確的，連我自己也覺得這是『四個月的奇蹟』。」

我聽到之後，就好像是自己被錄取了一樣非常高興，不知道對他說了多少次「做得好，了不起」，可能因為我是「讀書型YouTuber」，最近聽到這樣的錄取手記時覺得最幸福。但是在和賢宇聊到未來的大學生活時，我忽然好奇，賢宇到底是怎麼利用我的讀書法，才花四個月就考上醫科？

在這裡我想跟大家聊聊，關於賢宇如何在四個月裡，利用「1／4／7／14讀書法」來提高讀書效果，並昇華運用「1／4／7／14／30讀書法」。

在「1／4／7／14讀書法」中，我強調，要在隔天早上開始新進度前，先複習前天K過的內容，賢宇第二天剛睡醒，就複習了前一天念的內容，這個讀書法讓他感受到了複習的效果，於是自己再追加了一次複習，也就是在睡覺之前複習今天念的內容，這不僅增加了一次複習，也是提前了第一次的複習。

剛K完的內容，只要過一個小時，腦子還記得的剩不到一半，所以讀書與複習的間隔時間越短越好。學習新進度後，加上睡前複習、起床後複習，等於二十四個小時之內，已經念了三次相同的內容，若是需要專心準備背誦科目的考生，希望你們一定要嘗試賢宇的方法。

反覆閱讀基本教材三個月，不擅長科目的成績飆升

如果每天平均念八個小時的書，那麼就用六個小時左右完成進度，剩下兩個小時中的一小時三十分鐘分配到下午，複習當天六小時裡念的進度內容，然後睡覺前再複習三十分鐘左右，這樣第二天起床後就能更輕鬆複習約二十分鐘，然後再開始念當天的進度。

我們可以說，這是很妥善分配讀書時間，來學新進度和複習的優秀例子。此外，賢宇還反覆讀基礎教材，之後，運用我教他的竅門來解題，而透過多次熟讀整本基本教材，能讓閱讀速度提升一倍。例如：若是第一次整本熟讀基本教材需要一個月，那麼第二次整本熟讀時

大約需要十五天，第三次整本熟讀時需要一週，第四次整本熟讀時則只需要三到四天。

這樣下來，把一本基本教材整本熟讀四次，只需要花費兩個月，之後再解相關內容的題庫一個月左右，這時只專注在解題上，所以能加快速度。不僅如此，我們會很有自信的應用概念來解題，這是因為透過多次重複精讀整本基本教材，我們已經充分了解了基本概念。

之所以稱為「四個月的奇蹟」，是因為成績提高的程度驚人，而且提升的不是賢宇原來很擅長的國文或外文，而是像數學和科學等沒什麼自信的科目，在短時間內也提高很多分數。

因此，即使覺得時間已經不多了，也要忠於基本教材來集中複習，**透過反覆複習，讓當天念的東西持續刺激大腦，這些知識就會成為長期記憶，對培養應用能力有很大的幫助。**

「我按照老師說的去做，但是心裡很鬱悶，我連覺都睡不好了……雖然第一天、第二天的時候因為分量少，都背下來了，所以第二天早上心情就很好，想著『啊，原來也可以這樣啊』，但後來要讀的分量變多了，漸漸記不住，又覺得很累，所以又放棄了。」

如果和中途放棄讀書法的人見面進行諮詢，大部分都堅持不到一週，另外也有很多人從一開始就想完整的背下來，所以從在念書初期就感到疲憊。最重要的是，系統性的管理背誦週期的方法非常困難，就讓我們來看看，想要順利進行「1／4／7／14讀書法」的話，需要注意哪些地方。

開始念全新的科目時，不可能只看兩、三次就背起來，只要有訂定過讀書時程，就知道「1／4／7／14讀書法」，是基本上會做五次完整閱讀的系統，所以至少需要兩週才能熟悉系統。以我自己為例，決定好讀哪本書之後，基本上至少會念十次，我會慢慢整理要背誦的內容，確認之後再背誦。

如果抱著「我要在座位上背完所有內容」的心態，逐一仔細複習的話，那麼很快就會疲憊，**應該利用螢光筆按照重要度做標記，在複習前一天學習的畫線核心內容時，再用黃色螢光筆標記重要的地方。**

準備複習筆記，你才知道該從哪裡開始複習

人是遺忘的動物，無論何時何地，要想證明自己學了什麼，就得把那些東西放到長期記憶，因此我們必須堅持不懈並有規律的反覆學習。如果還不熟練每天累積要複習的分量而備感壓力，那麼就只複習以當天為基準的七天前學過的內容吧。

這是略加修改「1／4／7／14讀書法」複習週期，如第八天複習第一天內容，第九天複習第二天內容，像這樣慢慢增加複習量，來進行暖身運動後，就可以正式開始執行「1／4／7／14讀書法」了。

正式開始複習就會知道，很多時候會不知道該從哪裡開始看起，因此準備一本屬於自己

的複習筆記也許是個好辦法，我現在常常在筆記本上，整理一些讀書時混淆或者不懂部分的關鍵字。

整理筆記的技巧會在第三章詳細介紹，如果養成能一日瞭然整理出自己還不理解、沒有背好或必須重新查看的部分之習慣，就能更快適應這個讀書法。

不會背叛你的K書竅門

順利掌握「1／4／7／14讀書法」的人，可以根據自己的讀書進度分量和速度，以增加複習次數的方式修改；而執行「1／4／7／14讀書法」有困難的人，則可以用減少複習次數的方式調整，找出適合自己的複習週期。

08 通過國家考試的祕訣

能夠讓生活變得美好的，不是幸福感，而是深深投入其中。

——美國心理學家，奇克森特米哈伊・米哈伊（Mihaly Csikszentmihalyi）

我問過那些通過司法考試或醫生考試的朋友，他們一天念幾個小時的書，他們說每天平均大約念六到七小時而已。

「哇，念書的時間比想像中還要少耶？通常考生不是每天要念十二個小時嗎？」

應該會有很多考生都這樣想，當然，我那些通過考試的朋友之中，也有人每天平均學習將近十個小時。但是他們所說的六個小時，意味著在「超專注狀態」中投入學習的時間，我們即使為了念書而坐在書桌前十二個小時，但完全投入學習的超專注狀態，大概也只有五至六個小時，從經驗來看，剩下的時間可能只是一邊想些有的沒的，一邊用眼睛「看」書而已。

排除妨礙專注的因素

在漫畫《七龍珠》中，賽亞人這個種族的主角孫悟空，因夥伴死亡而在憤怒覺醒後，變身為超級賽亞人。成為超級賽亞人後，孫悟空的頭髮向上翹起，變成金髮，眉毛也跟著變黃，瞳孔轉綠，散發出巨大的力量。

我說的超專注狀態就是這樣，在念書或運動時，透過高度的投入，可以發揮出這種壓倒性的能力。

足球運動員一旦進入超專注狀態，腦波就會湧出「β波」，這個β波是在緊張和不安情緒高漲時出現的；相反的，坐在書桌前念書時的超專注狀態則有所不同，在學習或坐在書桌前專心讀書的情況下，「α波」就會穩定出現。

那麼，如何獲得製造出超專注狀態的α波呢？α波是在穩定、清醒的狀態下出現的，通常是在參禪或冥想時產生的，但是對於考生來說，很難有完整的時間去做這件事，取而代之只能在念書之前暫時閉上眼睛冥想一下，或者聽冥想音樂等，讓自己靜下心來，那麼發揮專注力的最佳頻率α波就會增加，產生安全感，只有將這種狀態原封不動的轉移到讀書上，才能進入超專注狀態。

例如完全沉浸在念書的狀態裡，突然看了一眼手錶，結果發現已經過了兩、三個小時，這種狀態就是超專注狀態，這意味著完全投入到沒注意到時間流逝的程度。

無論是小學生還是成年人，在玩電腦遊戲時，往往會進入超專注狀態，因為遊戲太有趣，不知不覺沉迷其中。換言之，任何人都會陷入超專注狀態，如果時常進入超專注狀態，學習效率一定會提高，不要想傻傻的在桌子前發呆，而是應該投入適當時間，這也許才是縮短準備考試時間的最佳機會。

我們要如何訓練自己進入超專注狀態？這與快速、輕鬆吸收龐大的訊息，只掌握對自己重要資訊的能力有著密切的關聯，為加強專注力所做的努力雖然很微不足道，但只要好好實踐，就能在短時間內投入學習。

想要加強專注力，首先要處理掉妨礙因素，其中**最大的妨礙因素莫過於手機**。為了事先摒除妨礙因素，**我們最好將手機放到桌子的抽屜或包包裡等看不見的地方，或者乾脆放進置物櫃裡鎖起來。**

另外，最好不要開著電腦念或者邊聽音樂邊念書，因為只有這樣，我們才能真切感受到自己正處於超專注狀態。還有，桌子上的雜物也會妨礙專注，所以桌子要整理乾淨後再開始念書，這麼做才能幫助你在短時間內集中精神。

考試生活總會因為今天要念的分量和成績而擔憂不安，在開始念書之前，想著「這麼多分量什麼時候能念完？要是考試落榜怎麼辦？」這種擔憂會增加我們的不安，而這種不安感會妨礙有助於集中精神的 α 波出現，使人們無法投入到眼前的課本中。

如果不能消除負面情緒，念書時不僅注意力無法集中，覺也睡不好，到了真正該念書的時候，卻神智不清，若這種狀態持續下去，不僅是專注力，連記憶力都會下降。

在出遠門時，不要望著看不見的遠方，而要集中精神注意當下，念書時也是一樣，分量越多的書，就越要聚焦現在自己眼前的那一頁，我們要專注於如何才能把每一頁的內容轉化自己的東西。

如果只想著什麼時候才能看完，就會陷入擔憂，專注力也會被擾亂，這是很不好的習慣。因此在剛開始，即使進度稍微慢一點，只要訓練自己專注在每一頁，就會自然而然投入，減少不安感，專注力也會因此提高。

打造超專注狀態的習慣

① 先屏除妨礙因素。
② 消除不安與焦慮。
③ 專注於現在眼前的這一頁。

09 人生最有價值的投資，每天讀書兩小時

開始做吧，「開始」本身就是天分、力量與魔力。

——德國詩人，歌德（Johann Wolfgang von Goethe）

我習慣在睡前重新回想當天的事，當我有好好利用一整天的時間，我會感到特別欣慰。在診療時間和個人工作之間，充實運用剩餘的零碎時間時，會讓我的身心非常輕鬆。例如，我會在等待電動汽車電池充電的三十分鐘裡讀書，還有在診療空檔時背誦英語句子，或是在家休息時讀書。

把一天裡，在不知不覺中被我們遺棄的零碎時間累積起來能有多長？令人驚訝的是，把這十分鐘、二十分鐘加在一起，一天大約有三到四個小時，如果把這些時間積累成一個月、一年的話呢？出乎意料的，這些時間能夠讓我們做很多事情，你如果也能確認自己的「零碎

時間」總共有多長，你也會大吃一驚的。

成功人士都在零碎時間做最有收益的投資

何謂成功人士？我認為是達到自己定下的目標，同時，又能感到幸福的人。我周遭也有很多成功人士，他們通常會好好善用零碎時間。

以前我看著尊敬的教授們，有時會很詫異，他們如何在那麼忙碌的時間裡，讀完最新論文，並告訴我們這些醫科生。後來我才知道，他們並沒有白白浪費掉講課和診療之間的空閒時間，而是投資於學習。

如果生活中考量到零碎時間，那麼生活品質就會發生變化。在零星時間讀書，體驗不同的世界和知識，就能獲得新的靈感和日常生活的活力，讓我們來尋找一下那些看似虛無縹緲的零碎時間，以及好好利用它們的方法吧。

上班族整天下來，能念書的時間並不多，但是仔細觀察，就會發現有很多時間可以抽出空來。例如和同事們喝咖啡聊天、工作中偶爾發呆、玩社群軟體的時間等，越仔細分析，會出現越多零碎的時間。

我的行程安排的非常緊湊，以二十分鐘為單位來分割使用，儘管如此，每天仍有兩個小時左右的空閒時間。只要在六個月裡，每天制定目標並充分使用這兩個小時，就可以通過一般的證照考試，如果累積一年以上，可能連外語都能達到很高的水準。

你把這些時間花在哪？**最能確定收益的投資就是「對自己的投資」**。雖然我也投資過股票，但那反而讓我更堅信，自己最擅長的就是讀書和自我開發，我控制不了股票，但我可以控制自己，**每天找出兩個小時，使之成為屬於自己的讀書時間，才是最有價值的投資**。

我到了三十歲中半的年紀，為了掌握並熟知多方面的知識，每天要花費兩個小時，如果像現在這樣努力學習，到了四十歲，就能說一口流利的英文，然後我又學了什麼呢？學了西班牙文之後，也許能在巴塞隆納的海邊與西班牙人暢所欲言，每天念兩小時的書，就這樣改變了我的人生景致。

每天兩個小時的努力，對於反覆著每天日常生活，想要學習任何東西的上班族或主婦來說尤其必要，這些時間是生活的活力泉源，如果不努力學習新事物，人生必然會停滯不前。

從今天開始回顧自己的一天，找出不知不覺浪費掉的兩個小時吧。

不會背叛你的K書竅門

就算忙到死，一天二十四小時之中，也要有為自己準備的兩個小時，那才是最有價值的投資。

第3章

從多種讀書方法中，挑一種最適合你的

01 利用目錄，先背二〇%的內容

有的書可用來淺嘗，有的書需要吞嚥，而少數的書需要好好咀嚼消化。

——英國哲學家，法蘭西斯・培根（Francis Bacon）

到目前為止，我們已經了解有效的計畫和反覆的讀書習慣——「1／4／7／14讀書法」，當我們具備了目標、計畫和念書的態度，那麼現在就要在腦海中有效的注入知識，以及在必要時馬上輸出的讀書技巧。

如果一直努力念書，但成績還是沒有提高的話，應該回顧一下自己的念書方法，看看是否有效的學習，即使坐在書桌前按照計畫念了書，但如果讀書的方法有誤或者不適合自己，也很難取得符合自己所投入的良好成果。

因此，**本章將以分割和反覆的技術為基礎，讓大家了解我成功當上醫生的K書法**。就像所有的讀書方法一樣，核心在於「使用適合自己且必要的讀書法」，因此，希望大家能實際使用接下來我們所談到的讀書法，並吸收適合自己的讀書技巧。

看目錄抓住主題

無論準備什麼樣的考試，讀書的核心就是有效掌握內容並儲存在腦海中，而且有效掌握內容的第一個方法，就是以主題為中心K書，無論是基礎課本還是題庫，只要翻開書本，最前面都會出現目錄。

這個目錄通常包含書中出現的大主題和次主題，不管是什麼領域，我們念的科目都會有最大的主題，然後下面又被分為次主題，隨著這樣細分，就如同樹枝伸展開來，若將這些主題圖像化，就能勾勒出思維導圖，將其形象化之後，便能像畫一樣儲存在腦海中，對把握整體主題、結構和走向有很大的幫助。

這個讀書法適合在開始念書時，先挑選按照主題走向構成目錄的基礎教材，用目錄讀書法念書時，不要習慣性只讀字，而是要在腦海中畫著前面說的思維導圖來讀，如果能把目錄的結構有系統的畫出來，就能有助於整理概念，也更容易理解書本的內容。

以二〇一九年出的《韓國史能力檢定考試兩週完成高級篇》為例，在「為朝鮮的建國奠定基礎」的大主題下，有「朝鮮的建國」和「為國家奠定基礎」兩個次主題，第一個次主題「朝鮮的建國」又分為促進遼東征伐、威化島回軍、新進士大夫的分化以及實行科田法等四個次主題，此時最好在大主題旁邊標示以下四個次主題，之後在複習時，只要看大主題就能想起次主題，透過這種方式，在以目錄熟悉基礎教材時，就能掌握從大主題分化到次主題的巨大結構。

如果從第三個次主題深入分析，就會發現需要背誦以穩健改革派和激進改革派劃分出來的人等細節內容，雖然需要背誦，但透過目錄掌握結構，不要馬上想全部背起來，而要以主題和核心內容為中心快速閱讀，只要理解與大主題「朝鮮建國」相關的主要四個事件就成功了。**目錄讀書法的核心在於，在腦海中勾勒出從大主題到次主題的大致走向，因此，與其馬上開始背誦細節內容，不如先了解整體走向，再循序漸進念到細節內容。**

● 第一次念的目標只有二〇%

既然按照目錄開始讀書了，就沒必要下定決心把只念過一次的內容都塞進腦裡，只要按階段一步一步去做就可以了。不管是什麼書，不可能只讀一遍，就背下龐大的內容，如果一開始就想背下書中所有的內容，壓力會很大並感到頭痛，最後只K了兩、三頁，連之前背的內容都想不起來，只能不斷回到前一頁。以這種方式念書的話，比起記不住剛念過的內容而不安，更容易陷入背不起來的羞愧感。

想要高效背下細節內容，首先要掌握主題的走向，因此，我照目錄進行第一次閱讀時，先以大主題為主，以只要記住全部的二〇％為目標。

此時，我必須背起來的二〇％是最重要的關鍵字，在「奠定國家基礎」的第二大主題下，次主題共有「太祖、太宗、世宗、世祖、成宗」五個王登場，現在，我一邊看每個王各自的功績（細節內容），一邊確認自己應該記住的核心關鍵字，一邊讀下去。

在太祖這個項目中，用鉛筆把「朝鮮建國」和「鄭道傳」這兩個關鍵字圈起來，也就是只記住朝鮮建國的過程中，鄭道傳的作用。第一次閱讀時不要一〇〇％背起來，記下二〇％左右就好，雖然需要背的東西還有很多，但一開始只標示需要記住的核心關鍵字後再往下讀。另外，標記核心關鍵字時，最好用鉛筆劃線，或者寫在空白處。

為了讓學習更有趣，首先我們要放下壓力。如果從一翻開書時，就制定背誦全部內容的目標，不僅進度會跟不上，在正式念之前，也會被過高的目標而壓得喘不過氣，因此在第一次念時，要放鬆心情，以核心關鍵字為重，只背二〇％，接著再到細部內容，反覆讀兩次、三次，背誦到全部的四〇％、六〇％，讓我們想像隨著加深閱讀內容，逐漸拓寬理解範圍，在念第十次時就能一〇〇％吸收，並扎根於以圖像的想像來進行學習吧。

如果今天是以目錄讀書法完成進度，那麼一定要在睡前或者隔天早上複習，到複習為止算是第一次閱讀。

• 利用「說故事」來背誦

以目錄為中心，把握整體框架，每個項目理解兩、三個重要內容後，就可以來測試，是否成功讀完第一次。

「總共有太祖、太宗、世宗、世祖、成宗這五個王，太祖是建立朝鮮的王，他旁邊一直有鄭道傳在，但鄭道傳是什麼人呀？啊！他是寫《朝鮮經國典》的人。」

像這樣，運用故事情節來測試第一次讀完的成果，以向某個人說明或講述故事的方式讀下去，隨著輸入故事情節，可以讓自己記得更久，此外，說故事時等於再聽一遍，還可以增加在腦海中刻下知識的效果。

反覆閱讀，透過自己講故事來背誦吧，當時為什麼會發生那個事件，那些人物又為什麼會做出這樣的選擇等，就像編一部電視劇一樣，加入故事情節，讓整體內容更容易背誦，記憶也能更持久。

• 在大框架裡抓住細節

K書時不要盲目從頭開始背，重要的是抓住框架和梗概，當我們已經熟悉了大主題「朝鮮的建國和奠基」之大框架和走向，現在就讓我們畫出來，以從大主題延伸出來的次主題，加上從這裡延伸出來的核心關鍵字為中心，勾勒出大致輪廓。

我們要先畫一個粗略的輪廓，接著就容易勾勒出細節，透過目錄中的大主題和次主題，首先抓住內容整體的結構，然後從中抓出細節，這就是目錄讀書法的核心。像這樣先掌握森林之後，再去細看樹木的讀書法，可以幫助我們抓住整體的大框架，立體描繪出其結構，對內容的理解也有很大的幫助，能讓我們更容易快速背誦內容。

分割書本內容構造的目錄讀書法

① 掌握「大主題─次主題─核心關鍵字」的結構。

② 把第一次念的目標定在二〇%。

③ 利用說故事的方法來背誦。

02 留白讀書法，睡前複習用

記下來，這就是解決的辦法，光是想著已經寫在某個地方，就能安心了。

——日本著名語言學家，外山滋比古

目錄讀書法是按照大主題、次主題和細節內容依次深入的讀書法，所以第一次閱讀時，只要抱著記住二〇％左右的輕鬆心情念就可以了。

而在掌握整體結構的同時，和目錄讀書法並行，會獲得更大效果的技巧，就是「留白讀書法」。**這是在睡覺前，複習一天讀書的內容時，所使用的方法，若使用目錄讀書法的同時採用留白讀書法，對熟悉閱讀過的內容有很大的幫助。**

我們閱讀基礎教材時，要在重要內容上畫線，並在空白處簡單記下，在一天結束前一定要複習，而這時最需要的就是留白讀書法，留白讀書法也是活用標記的讀書法。

分割留白・只記下重點

首先，順序很重要。在我們讀完整體的大主題和次主題後，再看一遍劃線的部分，然後讀留白處標記的筆記，之後用原子筆再次標記原本用鉛筆註記的部分，這裡要用原子筆寫得更深，像是把核心放進腦裡般的複習方式，就是留白讀書法的核心。

「朝鮮的建國」這個標題下面有四個次主題，在「遼東征伐、威化島回軍、新進士大夫的分化、實行科田法」上用鉛筆劃線，那麼，用留白讀書法複習時，用原子筆把原來的鉛筆劃線處再標記一次（寫深），這樣在閱讀內容時，就會像是把文本一一刻進眼裡的感覺。

在K進度時，如只讀過「新進士大夫的分化」，那麼晚上透過留白讀書法複習時，最好背下關於「穩健改革派」和「激進改革派」的簡單內容。用原子筆在重要處劃線，或把需要背下來的東西記在留白處，會有更深入腦海的效果，實際上，睡前閱讀或記錄的東西，會讓人記得更久一些。

在念進度時，只背兩、三個核心內容，即「為國家奠定基礎」的次主題——五個王，睡覺前複習時，要重新思考早上背誦的內容，並用原子筆寫上重點，如果有沒用鉛筆標記的關鍵字，就整理在留白處。

此時努力背誦是好事，但背不下來的話，讓眼睛稍微熟悉一下也好。因此，睡前複習比白天念進度還要花時間，以留白讀書法為基礎重念過之後，才算是一次完整的閱讀。

在這裡還背不起來更詳細的內容也沒關係，只要想著在讀第二次時背起來就行了，第一次閱讀的目的是以背誦重要內容，也就是全部內容的二〇%為目標，第一次閱讀後使用的留白讀書法如下：

- 睡覺前一定要以核心關鍵字為中心做複習。
- 在鉛筆標記的重要處，再次用原子筆寫深一次。
- 找出錯過的核心關鍵字，在留白處以原子筆整理出來。
- 用原子筆重新整理，像在腦海中刻上知識一樣背誦關鍵字。

細節內容的部分可以第二次閱讀中再念，第一次閱讀只要做到這裡就夠了。

反覆閱讀時，只看筆記部分

我在讀書的過程中，常會使用螢光筆劃線和貼便條等方式，留白讀書法也是最佳的方法之一，在留白處寫上重要或必須記住的內容，可以幫助你反覆閱讀時，能更有效率的背誦，像這樣在空白處整理好核心要點，能縮短讀書時間，學習效率也會提升許多。

雖然後面會再詳細說明，但基本上使用螢光筆或便條時，也要根據重要程度來排序，例如用粉紅螢光筆，接著是黃色螢光筆，再來是原子筆，這樣設定重要度，當沒有時間時，就只看這些標記部分。便條也一樣，可根據內容的重要程度，用不同的方式標示，那麼即使在緊急時刻也能夠有效複習。

征服背誦的留白讀書法

①原子筆重新寫下核心要點。
②漏掉的關鍵字用原子筆重新整理。
③反覆閱讀時只看筆記部分。

03 關鍵字讀書法，當你要讀的量很大時

讀書狂一目就能讀好幾個關鍵，然後只會選出重點。

——美國作家，埃德加・愛倫・坡（Edgar Allan Poe）

關鍵字讀書法，顧名思義就是以內容中重要的關鍵字為核心來學習，這個讀書法**適合閱讀文本量很大的領域，因為它可以有效的指出在龐大的文本中，必須放進腦中的東西**。

人的大腦容量和記憶有限，當需要複習的分量很多時，不能只是盲目閱讀然後全部背下來，此時我們要把內容分成一個個小塊，以核心關鍵字為主來念書的話，就能更有效掌握主要內容。

同時，當我們在閱讀和理解書中大量內容後，關鍵字能快速掌握最重要的部分，對整體內容的理解和背誦，也會有很大的幫助，運用此方法堅持練習，就能提高專注力，準確把握核心。

高效背誦法：背關鍵字＋編故事

關鍵字讀書法適合與目錄讀書法和留白讀書法並行，接下來，先假設我們要考不動產經紀人證照吧。

以下舉韓國《二〇一九 Eduwill 公認仲介公司第一輪基礎教材》為例，如何以目錄和重要關鍵字為中心確認核心內容：

（2）租金補貼政策——住房補貼政策（本政策適用租房、買房）

①意義：住房補貼政策一般是指「租金補貼政策」。而租金補貼政策是為解決低收入階層的住宅問題，政府向一定水準以下的低收入階層，無償提供部分租金補助，這相當於政府的間接介入。

②需求方補貼金：需求方補貼金是為了提高住房租賃家庭的住房負擔能力而發放，有價格補貼（租金補貼、房屋稅補貼）方式和收入補貼方式，而住房券（housing voucher）就是租金補貼政策之一。

A. 價格補貼（租金補貼、房屋稅補貼）方式：只有在購買住宅時，才提供補助的價格補貼（房屋稅補貼）方式，透過降低住宅相對價格，增加低收入戶承租住宅家庭的住宅消費，在實現增加住宅消費的政策目標方面，價格補貼方式優於收入補貼方式。

B.收入補貼（現金補貼）方式：如果現金補貼得以實現，那麼得到補助的低收入戶承租住宅家庭實際收入，就會因現金補助額而增加，因此他們的住宅負擔能力就會提高，在消費者的立場上，收入補貼方式優於價格補貼方式。

③供給方補貼：以低利率向住宅生產者，提供建設資金來降低生產費用，因而達到增加民間部門住宅供給的效果。

目錄還是最重要的，看到大主題「租金補貼政策——住宅補貼政策」之後，先細讀該政策，確認「原來是補貼租金的政策」這個意義，接著從目錄中可以看出，租金補貼政策有「需求方補貼」和「供給方補貼」兩種，掌握這些內容的同時，在重要的關鍵字上用鉛筆劃線。

根據目錄讀書法，先看題目，確認基本意義，然後細讀各項目的詳細內容。在需求方補貼中，用鉛筆標記需要了解的幾種核心內容，接著透過同樣的方式，確認各個政策的意義和相關項目，以這種方式，按照今天的目標完成進度後，在睡前再次複習，正如我一直強調的，以上算是完整的第一次閱讀。

如果今天這科要念二十頁，那就先讀十頁左右，再回到前面複習十頁，等進行到第二十頁的進度，再回到前面複習第十一頁到第二十頁的內容，比起一次念二十頁，分十頁左右閱讀，對於內容理解更有幫助。

如果進度念到二十頁，那麼在睡前重新打開書之後，利用留白讀書法，用原子筆將鉛筆劃線或留白處記錄下來的東西再寫一次，使用「1／4／7／14讀書法」複習時，採用這種方式也可以節省時間。

關鍵字讀書法的優點，是以標記的核心關鍵字為中心，讓我們可以高效背誦其內容，比起盲目在書中的所有句子上劃線閱讀，以關鍵字編出一個故事背誦，會更讓人印象深刻。

例如，如果想背誦「威化島回軍」和發生該事件的「一三八八年」這兩個關鍵字的話，可以編出一個如「李成桂等十三人像一九八八年奧運會的行軍一樣回軍」有故事性的內容，讓自己能夠理解並背誦，背下後複習時，如果複習同樣內容，記憶就能持久。

這次以法國大革命為例，如果想背法國大革命始於「一七八九年」，就要理解成「成年前的十七歲到九十歲之前的八十九歲，共同參與的市民革命」，這樣賦予故事進行背誦，複習時同樣要用這個方法來記住，這樣記憶就能長時間停留在腦海中。

用這種方式背關鍵字時，**以理解的內容為基礎，創造屬於自己的故事是非常重要的**，雖然剛開始會覺得有點尷尬，但熟悉之後，你會發現自己獨有的故事逐漸增多，還有其實自己是很擅長編故事。

念書時，執著念完進度的人比我們想像中還要多，因為許多人相信今天念的分量，是證明「我今天認真念書了」最確切的證據，但其實從念書到考試取得好成績為止，我們很難證明讀書成效。

比起進度，更應該專注在複習的效率

只要進度很多，今天就能算是很努力讀書嗎？加快進度真的會為學習帶來很大的成果？如果抽出完整的一天出來，三百頁的題庫就全看完了，但三百頁的內容中，能記得的究竟有多少？恐怕連其中一〇%都難以記住，如果不是絕頂聰明的天才，不可能記下長達三百頁的內容。

就像飲食過量會消化不良，讀書也是一樣，如果一次輸入太多內容，就會完全不記得自己真正學到了什麼。人的記憶力、大腦容量有限，如果一次大量看完，大部分人會記不住，所以，有效的學習取決於有效的複習，而不是念的進度量。

有位頻道訂閱者，雖然夢想成為稅務師，但始終沒有得到理想結果，所以他很煩惱，我聽了他的事情之後，發現他最大的問題就是複習，因為這位訂閱者只注重在學習新進度，忽視了透過複習來反覆學習，當然也缺少了理解整體脈絡及找出重要關鍵字的過程。

據說有一天，他看到我的影片之後，意識到自己為了趕進度而疏忽了複習。為了徵求對這個高效複習方法的意見，他聯絡了我。他正在準備稅務會計考試，因為還要念法律，所以讀書量很大。對他而言不僅是量，熟記詳細內容，也非常重要。

因此，我提出了用目錄讀書法、留白讀書法以及關鍵字讀書法K書。更重要的是，因為他沒有複習的習慣，所以我多次強調了「透過複習來反覆學習」的重要性，因此原本急於趕念書進度的他，放棄了過去的讀書方式，集中精力複習，順利通過了考試，成了稅務師。

無論用什麼方法讀書，都要重新審視三天前或一週前念過的進度，讓自己重新回想、記憶，記憶並非只要輸入一次就固定不變，它總有一天會消失，所以抓住「記憶的黃金時間」非常重要。

在當天、三天之後，還有一週之後，都應該繼續週期性的回想內容以加深記憶。讀書的成果不在於進度有多少，而在於讀的內容能否在短時間內，有效輸入到腦海中。也就是說，有效利用指定好的一段時間，是複習的關鍵，這也是決定讀書成績和考試成敗的核心因素。我們不需要執著進度，應該以核心關鍵字為中心來複習，集中精力在好好理解和背誦上。

減少複習絕對分量的關鍵字讀書法

① 以目錄為中心掌握核心關鍵字。
② 背誦關鍵字時加入故事。
③ 比起進度，更應該專注於複習的效率。

04 征服討厭科目的短打讀書法

為了能夠更加好好理解，我們重新閱讀。

——法國文學評論家，愛彌爾・法蓋（Émile Faguet）

「不想念書的時候該怎麼辦呢？」
「不知道該怎麼念討厭的科目。」
「不知道為什麼這麼討厭上這門課。」

很多人向我吐露了這類的煩惱，他們已經不喜歡念書了，更不知道要怎麼去念討厭的科目，這時候利用短打讀書法會很有幫助。人只要想到要做自己不喜歡的事情，心裡就先感到厭煩了，但是沒辦法因為說討厭就避開這些事，所以既然要做，不如就抱著用短時間結束的心態挑戰一下吧。

我從小就討厭英文，可能是因為典型的理科腦袋，我喜歡數學和科學，但唯獨語言領域，尤其是外文和我特別不合，成績當然不可能好。直到上大學後，我才知道英文的樂趣，因而對英文產生興趣，而這時幫助我的就是短打讀書法，我用這方法完全征服了英文單字本。

不喜歡的科目，我分成三個一小時來看

念討厭的科目時，最好的方法是簡短結束和反覆閱讀，就像是為了在棒球比賽中讓跑壘者進壘而打出的短打一樣。

以我自己為例，如果一天K書十個小時，我決定其中三個小時要花在我最討厭的科目——英文，但我並不會連續念三個小時的英文，而是分三次各念一個小時，如果要念討厭的英語長達三個小時，心理負擔就會很大，但如果想著只有一個小時左右，那麼就可以用更輕鬆的心態面對。

來試試看制定每天背一百個英文單字的目標，每天早上、中午、晚上，各花一個小時看一百個單詞。如果時常在短時間內重複，不管再難再多的內容，也會稍微搞懂，就像人與人常見面的話，不知為何就會變得熟悉，並產生親近感。

另外，**運用短打讀書法時，應適當調整讀書的分量，如果是有興趣和喜歡的科目，一天**

可以設定念五十頁左右；若是討厭的科目或毫無興趣的科目，就只念二十頁到二十五頁左右，然後早上、中午、晚上，一天分三次反覆念。

我不太喜歡英文，特別是在背英文單字時，總是運用短打讀書法，先設定今天要背的單字分量，每天看三次定好分量的單字本。想要正確理解和背誦所學的東西時，複習是最好的辦法，像這樣利用短打讀書法，切割讀書時間，藉由不斷反覆學習內容，能逐漸理解和背誦，有效幫你複習進度。

越是不喜歡的科目，就越要在「複習」上投入一半以上的讀書時間，才能更快理解和吸收內容。

美國前總統林肯說過這麼一句話：「如果給我一小時砍樹，我就要花四十五分鐘來磨斧頭。」我建議的讀書方式也是這樣，如果我的讀書時間是十個小時，那麼我會投資六個小時複習，在讀書時間裡，至少要投入六〇%的複習，才能真正理解和背誦所學的內容。

運用短打讀書法時，我建議大家把念不擅長科目的時間分成三等分，第一段進行進度，剩下的第二、三段則用來複習，只有克服反覆複習的艱難過程，才能逐漸感受到知識的積累，進而逐漸對那個科目產生興趣。

而一旦有了興趣，就更容易接觸這個科目，在實力有所提升後，提高一個階段，同時讀更深入的內容或寫題庫的話更好。我希望大家在面對不擅長或討厭的科目時，能養成每天最少念三次以上的習慣，漸漸的，你會發現自己對討厭的科目產生興趣，也跟著變得有自信。

最快的讀書方法是複習

實際上，對於學習來說，最重要的是「絕不放棄，相信自己一定能做到」。很多人可能會想：「要準備多益考試，只看這些基本教材夠嗎？」、「現在念書的話，成績真的會提高嗎？」此時我們需要的就是「絕不放棄，相信自己一定能做到」，像這樣的信心和信念。但是，我究竟要如何才能得到信心？

最好的辦法就是相信自己。今天我分三次念了很難的科目，最後一次念的時候，只要看到劃線的關鍵字，就能讀出詳細內容，感覺內容的確刻入了我的腦裡，這種感覺能讓我們在心裡，深植「我一定會得到我所應得的成績，我一定會考上」的信念吧，這種信念有自證預言的效果，能夠讓我們產生自信心，對發揮實力有很大的幫助。

也相信自己念的基本教材吧，無論任何科目，只要反覆閱讀基本教材，成績必然會上升，就像地基堅固的房子遇到任何風吹雨打，都不會倒下一樣，如果讀透了這種目錄上整理好堅固框架的基礎教材，以後就能輕鬆進入深層學習或解答題庫。

如果很認真讀書，成績還是沒有提高，希望你可以回顧一下，自己是否忠於基本教材。如果你決定這樣念書的話，也希望你可以暫時放下疑慮，相信「讀書的自己」和「自己選擇的基本教材」，那麼就會像自己所相信的那樣成長和前進。

念討厭的科目時，在解題或深入學習之前，一定要完全讀懂自己選擇的書，因為連手上的書都沒看懂的情況下，開始看其他教科書或參考書，除了需要學習的分量也會增加，也會漸漸變得更混亂，就變成連一本書都沒有好好讀完，只是草草掃過。

有句話是「欲速則不達」，我們不需要擔心如果把時間花在複習，進度會不夠快，學習速度會變慢，因為最快的讀書方法就是好好複習。

重要的是，放棄必須快點趕進度的不安感，並下定決心一步步掌握，抱著要仔細吸收的決心，念五次以上基本教材。透過多次的反覆學習，把內容完全變成自己的東西，那麼任何考試都可以通過。

征服討厭科目的短打讀書法

① 計畫好的讀書時間分成三段。
② 在那三段期間內進行「進度—複習—複習」。
③ 越是不喜歡的科目，越要投資六〇%時間在複習上。

05 兩個月搞定弱科，精華筆記整理法

便條並不是只為了記下那短短的一瞬間，它是為了再次閱讀並加以活用的。

——日本「整理力」專家，坂戶健司

毫無疑問，讀書時最重要的時期，就是考試迫在眉睫的時候，在剩下短時間裡，如何有效將知識輸入大腦，決定我們的合格與否。

這個讀書法是用來在考試前兩個多月，了解掌握自己弱項的「精華筆記整理法」。根據這兩個多月是如何度過，結果會有很大的差異，因此希望大家能睜大眼睛專心學習。

用「1／7／14讀書法」，集中K兩個不擅長的科目

如果考試迫在眉睫，首先要選擇最弱的兩個科目，然後在兩個月內集中K這兩個科目，

如果貪心想念完全部的科目，可能會都掌握不好，就像所有的事情都需要選擇和專注一樣，念書也要避免因為太過貪心，而變成東看一點、西看一點，最後卻一無所獲。

如研讀單一科目的話，在該科目中，只選擇最脆弱的兩個部分集中閱讀，例如準備不動產經紀人證照考試時，「房地產公法」和「房地產公示法及稅法」最弱的話，那麼兩個月內維持「1／4／7／14讀書法」，只反覆閱讀這兩個部分。如果對於此讀書法的複習分量感到很有壓力，可以在不擅長的兩個科目上使用「1／7／14讀書法」，接下來的兩個月，就抱著只征服兩個科目的決心拚命準備吧，那麼選好科目之後，現在該怎麼去念呢？

如果選好了要念的科目，就準備自己選好的教材和一本筆記本，接下來，這個「精華筆記整理法」的核心是改變「1／4／7／14讀書法」，完成一次完整閱讀後，從第二次閱讀開始製作精華筆記。

如果選好了教材，則根據「1／4／7／14讀書法」，分配好這兩個月的閱讀分量，從而抓住讀書計畫的大框架，此時重要的是，要制定計畫，在這兩個月內每一科可以全部讀完兩次。基本讀書方式框架與「1／4／7／14讀書法」相同，要說有什麼不同之處，那就是除了要讀的書籍之外，筆記本上也要標明今天念的分量。

也就是說，第一天從哪裡開始、念什麼科目，要標明科目和進度。像這樣單獨整理在筆記本上的理由，是為了快速掌握，讓自己只看到筆記本，就知道自己學到了什麼程度。如果今天念了八十頁到一一七頁，就可以在筆記本上寫下第一天念書的結果，並填上「八十到一七」，以這種方式整理筆記本上的閱讀分量，並按照「1／4／7／14讀書法」來念書。

我們在前兩個月裡，制定了兩門課程全部讀過兩次的計畫，因此「1／4／7／14讀書法」的複習量可能會太大，如果每天的複習量超過自己能承受的量，最好改用「1／7／14讀書法」。

「1／7／14讀書法」的基本複習週期和「1／4／7／14讀書法」大致相同，只是並非在開始念書的第四天複習第一天的學習內容，而是第七天。像這樣，只是稍微拉長複習週期，並沒有什麼變化，剩下的部分也根據「1／7／14讀書法」的行程調整。

睡前集中複習

「精華筆記整理法」必須在兩個月內完成兩次完整閱讀，因此每天的閱讀分量將會大幅增加，另外，若透過「1／7／14讀書法」複習，那麼週期就會延長，複習會需要更長的時間，因此，睡前複習比任何時候都重要。

如果平時睡覺前複習時，以標記進度的部分為主，根據留白讀書法來複習，那麼在兩個月集中讀書時，最好在進度上提前確定睡前要看的內容，在不理解的部分、複雜而難以一下子背起來的單字上，用星星或三角形等，自己能看懂的圖案標記。

我通常會在筆記本上另外整理關鍵字，但重要的是選擇符合各自讀書模式的方式。這時整理在筆記本上的內容，只是用於在睡前複習時查看的內容，並不是精華筆記，「精華筆記整理法」將在談第二次完整閱讀時更加詳細說明。

第二天，在前一晚睡前複習時，簡單複習重新標記的重點部分後，再學新進度，以這種方式念書。根據「1／7／14讀書法」，在第七天要複習第一天的內容。也就是要第一天學習時，除了複習教材重要的部分，或為了方便睡前複習，而單獨記錄的筆記，也要學習第七天的進度。

到了第十四天，就複習第一天的內容，然後再進行當天的進度。

透過這種方式定期回顧學習的內容刺激大腦，會提高背誦效率，記憶也會更持久。前面我們計畫兩個月內，把兩門課程完整讀過兩次，如果把第十七天計畫訂為第一次完整閱讀完的日子，那麼到了第十八天，按照和之前進行第一次完整閱讀相同的方法重念，每天的讀書量增加兩倍，完整閱讀的次數越多，就越要讓週期縮短，進入第十八天，開始第二次的完整閱讀，現在我們來整理精華筆記吧。

精華筆記只寫：重要、背不下來以及答錯的部分

第二次完整閱讀時最重要的是，要從那時開始正式整理精華筆記，我們已經透過一次「1／7／14讀書法」了解基本教材的內容，以核心關鍵字為中心，部分內容已經背熟。

這時打開筆記本，學習至今，每個單元都會記錄我們不知道的內容、重要而劃線的內容以及答錯的內容。

以韓國生物教材《萬字高中生命科學1》為例，翻開教材，寫下大主題「01.了解生命科學」。另外，再寫下次主題「A.生物的特性」，接著以念書時寫在教材上的關鍵字為核心，在筆記上再次記錄這些內容，讓內容深刻印在在腦海中。

這時有個要領，只把內容寫在筆記本的一側，最大程度保留空白，把筆記本的頁面分成一半左右，只寫在左邊也是一種方法。

之所以留這麼多空白處，**是為了解題時把錯誤的內容整理在筆記本上**。模擬考試或解答其他試題時出錯的試題中，如果今天念的這個單元，有對應的部分，就記在此空白處當作補充內容，以這種方式整理錯誤的部分，**以便重新審視自己答錯的地方**。最好寫在筆記本的空白處，如果**空白處不夠時，可以利用便利貼**。

第二次完整閱讀時把不懂的內容、劃線的內容和答錯的內容全部整理在一本筆記本上，就完成了包含精華中之精華的筆記本，考試的時候，只要拿著這個筆記本，就不用擔心了，因為最重要的核心關鍵字、自己還沒背下來的部分還有之前答錯的部分，全都在這一本筆記上，清楚的整理出來，就這樣念兩個月試試看吧，那麼你自然就離及格更近一步了。

兩個月搞定弱科的讀書法

①用「1／7／14讀書法」制定計畫。

②從第二次完整閱讀開始整理精華筆記。

③在筆記本上只寫重要的部分、背不下來的部分和答錯的部分。

06 與其讀很多本，不如重複讀一本

筆記造就出正確的人，談論造就機智的人，而讀書造就了完成的人。

——法蘭西斯・培根

無論學習哪個領域，最基本需要的是語言的理解和閱讀能力，如果不能正確寫出不懂的問題，或簡答題卻無法有邏輯的寫出答案，那麼，即使再努力讀書，也很難發揮實力。相信任何人在在學生時代，都能發現成績優秀的學生中，有些人雖然英文和數學都好，但在語言領域卻特別弱，我也是其中之一。

這類人最基本需要的是學習「閱讀」和「寫作」，如果**提升閱讀和寫作能力，語言的理解度自然會顯著提高，語言方面的成績當然也會提高**，而且**這不僅能提高語言方面的成績，還能提升解讀文本的能力，成為學習其他科目時的優秀資源**，擁有讀懂長型問題並能快速分析的能力，無論準備什麼考試，都將成為取得好成績的祕密武器。

讀書，除了看，還要多兩種感官刺激：說給自己聽

我的大姐夫是語言領域排名前○．三八％的高材生，我一直在語言方面苦苦掙扎，所以曾問過姐夫有沒有特別的讀書方法，他的回答出乎意料的簡單，就是讀書和寫作。

大姐夫說他從小受喜歡讀書的母親影響，所以也很喜歡看書。他們據說在一起看書時，他的母親總是會向他提出問題。

「對哪位主角的印象最深刻？」

「在那個部分，你沒有其他的想法嗎？」

「把讀後心得寫下來怎麼樣？」

透過這些問題，他並不只停留在單純的讀書上，而是在讀書之後整理思緒，用文字和語言表達出自己的想法，從而思考更深入。

他強調的另一個方法是「反覆閱讀」。他說，書很奇妙，剛開始讀的時候和讀兩、三遍的時候，看到的東西都不一樣，每次都讓他覺得新鮮。另外，根據自己所身處的情況、時期、年齡和感情狀態，看書的觀點也完全不同，因此他同一本書至少反覆讀了四、五遍，有趣的書，甚至讀了十遍以上。

這樣反覆讀書的習慣，在學習上也會有好的影響，多讀書的話，會提高文本解讀能力，進而準確掌握文章脈絡，也會加快閱讀速度，考試時當然可以快速準確掌握住問題，此外，不僅是讀書的速度變快，連思考能力、想像力和專注力也跟著提高。

據說，在反覆讀書的同時，大姐夫從學會韓文之後，一直堅持寫日記，寫日記首先要整理思路，考慮走向和脈絡，會加強邏輯思考能力，整理腦海中的想法，自然能寫出一目瞭然的文章。

如同身體的肌肉是越用越發達一樣，人的大腦越用就越受刺激，也越發達。

讀書也是一樣，剛開始讀書時，偶爾會出現斷片的情況，雖然眼睛沿著文字移動，由於注意力不集中，完全想不起來讀了什麼。特別是討厭讀書或第一次讀書的人，時常會出現這種狀況。

在我養成讀書習慣之前，這種情況也不時發生，但是透過反覆讀書，開始對書本產生興趣之後，就會有所不同。書讀得越多，閱讀能力就越強，於是掌握更有效的閱讀方法。從現在開始要介紹的「刺激五種感官的讀書法」，是我在反覆讀書的過程中，所掌握到非常有效的讀書法。

人腦很特別，因為我們在念書或集中精神時，只有滿足五種感官刺激，才能集中精神，同時進入最適合背誦的狀態。想想我們看電影的時候吧，４Ｄ電影與一般電影不同，它不僅能刺激視覺、聽覺，還能刺激觸覺，彷彿親身經歷電影中的世界，這股臨場感讓我們享受更加生動的電影，這樣用全身體驗電影，當然對內容印象深刻。

一般來說，讀書只有透過文字刺激視覺，如果在這裡再多發展一點，在腦海中想像書本的內容，就會產生與只用眼睛閱讀時不同的感覺，以《被討厭的勇氣二部曲完結篇》為例，這本書寫道：「是啊，一開始就是你，即使沒有人理解、沒有人參與，你也要先點燃火炬，展現出勇氣與尊敬。」這時就要邊讀邊想像如同電影場景一般，自己拿著火炬獨自走在路上的模樣。

然後第二次讀的時候，要唸出聲音，用眼睛讀課本，在腦海中畫畫，用嘴說出來，再加上聽到這個聲音，一次閱讀就能產生刺激各種感官的效果，透過這種方式，至少使用到三種以上的感官，我用這個方法練習了一個多月來讀書，專注力和理解力明顯提高了。

與其讀好幾本書，不如重複讀一本

為了增加人文素養，積累豐富的知識，多閱讀各種書籍，當然會有幫助。但是，**想要提高成績或為了考試及格而念書的時候，無條件的看很多書反而沒有幫助。所以，沒有必要因為得多看各領域書籍而感到壓力，因為重點不在於讀多少書，而在於一本書讀了多少次，最好的方法是反覆閱讀五次、十次。**

把這種讀書方法應用在學習也是一樣，翻開最簡單的一本基本教材，反覆讀幾遍，反覆學習裡面的基本概念和原理，並將其放進腦海中，如果基本功扎實，就能很快掌握下一階段的內容，念到一本書破爛不堪為止，如果你認為你已經掌握了它，那就進入下一個階段。

這時，根據發揮多少專注力，其效果也會有所不同，之前我強調讀書，也是因為這有助於提高專注力。當我們的成績離及格分數還有些差距時，會因為不安而心亂如麻，那麼無論怎麼翻開書，內容都讀不進去，這時如果翻開各種教材，反而只會更打亂自己的專注力。

如果念書不能集中，心裡感到不安，那就先讀基本教材吧。不要東拿一本，西拿一本來消耗精力，而是只選定一本值得信賴的書本深入研讀。如果每個科目都定一本這樣的教材，並下定決心讓自己完全讀懂這本教材，也有助於穩定凌亂的心。

提高專注力和思考力的讀書法

① 至少利用三種感官刺激來讀書。
② 比起拿好幾本書，更應該集中於一本值得信賴的書。
③ 養成反覆閱讀、寫作的習慣。

07 我如何在六十天內，托福成績提高七十分

人一能之，己百之；人十能之，己千之。

——《禮記・中庸》

我大學三年級時，花了約兩個月準備托福考試，因為要想進入醫專所，無論是多益或托福，都要有一個正式的英文檢定成績。當然，同時準備英文和醫專所入學考試並不容易，因為不僅要準備這兩種考試，還要念正在就讀的學科，光是念一個科目，時間也遠遠不夠，要同時學習三個科目，在現實中很難做到。

首先，缺乏完全可以運用的時間，體力也有限，更重要的是產生過度的壓力，所以讀書效率沒有想像中那麼高。經過深思熟慮後，我找到的方法就是在準備醫專所考試的一年中，只花兩個月專注學習英文。

當時我如果只追求提高考試成績的目標，稍有不慎會在學習上產生壓力，產生反效果。

因此為了能夠以輕鬆的心態學習，我改以「和英文變親近吧」的心態面對。

讀書，是最容易實現的成功

十幾年前的某個七、八月，當時我全心投入準備托福考試，凌晨六點起床，在學校圖書館念到晚上十一點，中間上兩、三個小時左右的英文補習班，再複習英文到晚上十二點為止。睡六個小時後起床，第二天也以同樣的方式度過了一天，不過週末會休息一下。我一天最少花十二個小時，最多花十五個小時左右，除了吃飯睡覺、洗漱和洗澡時間以外，其他時間全部投入到學習英文上。現在回想起來，甚至會覺得好像沒有比那時候更拚的時期了，我記得那時甚至比準備重考和大學時期更努力讀書。

不僅如此。因高度投入和努力的經驗，我也產生了「只要下定決心，就沒有做不成的事」這種自信。事實上，**讀書才是我靠自己的意志，最容易實現的成功**。

在工作、賺錢或做生意時，單靠自己的努力是不行的，周圍的條件、運氣等，各種變數都會產生很大的影響。但相反的，學習是只要戰勝自己的單純遊戲，用自己的意志最能夠輕鬆實現的事情之一，就是學習。

我現在也有信心，只要有時間準備，任何考試都能合格。因為透過自身意志和努力，創造並取得自己想要的結果的經驗扎根於內心，這徹底改變了我，能平靜克服成為醫生、經營醫院時，遇到的各種危機和艱難情況，也得益於當時積累的內心力量，即對自己的信任。

藉由這些經驗，我得出的結論是，在讀書的過程中，正確的指南也很重要。就像能煮出最美味泡麵的方法，就是按照包裝袋上的烹飪方法來煮，因為製作產品的人透過無數次的實驗，找到了最合適的烹飪法，並記下來，這是讓泡麵煮得美味的一種指南。

讀書方法也是一樣，的確存在正確的讀書方法，如果像考上首爾大學的新生及格心得裡寫的，「以國英數課本為主，認真的預習和複習」一樣，好好實踐已經確立的正確讀書方法，那麼成績在一定程度上必定會有所提高。

有人可能出現疑問：「我按照上面的要求都好好念過了，但為什麼成績沒有提高？」理由是沒有修改成正確的讀書方法。每個人的實力都不同，如果只是照搬使用，自然看不見效果。重點是在**正確的讀書方法之範疇內，需要根據自己的能力值與傾向，來調整讀書計畫**。

接下來，我以準備托福時期為例。托福由聽力、文法、閱讀和寫作共四個部分組成，只花兩個月，遠遠不夠讓我將這四個部分通通都變得專精，因此在四個選項中，我決定投入我的時間和精力，在更能夠獲得較多成果的兩個部分上，於是我選擇了文法和詞彙，因為我認為，想在閱讀和寫作拿高分，需要高度掌握文法和詞彙。

決定好要專心讀文法和詞彙後，剩下該做的事就是好好讀書。我把大多時間用在這兩個要集中準備的項目上，以每天念十二個小時為標準，在文法和詞彙上各投入四個小時，總共投入八個小時。

此外我在念文法和詞彙時，不僅徹底複習在補習班學到的內容，還完全掌握每個單元出現的問題類型，我用這個方法一個月內K完了三次，K到書本都已經破爛不堪。

我選定了需要專心準備的科目，並列出優先順序，在規定時間內完整投入的「屬於我的讀書指南」，為了讓定下來的這六十天發揮最大效用，我買了整理好成六十天課程的教材，並且為了在一個月內讀完一次，我安排一天K了兩天的進度。

另外，背單字時一定要大聲朗讀背誦，前一天背的內容，一定要在第二天早上複習，透過這種方式，我制定出可以讓我自己投入的「屬於我的讀書指南」。

小小的成就感，成為我發展的動力

剛開始準備舊制托福考試時，我的成績是兩百分左右，念了三週左右後，得到了兩百二十分左右，第五週是兩百四十分，最後是兩百七十分。就這樣，在兩個月的時間裡，成績提高約七十分，當然也為我帶來了成就感。

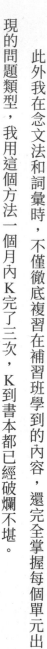

「只要努力就能做到」的自我信任，也增強了我的自信，而對自己的信任和成就感，在準備醫專所考試的過程中，成為了支撐我的堅實力量，這兩個月的經驗和記憶讓我充滿自信，讓我在準備其他考試的時候，也帶來了非常積極的效果。

一想到我們會活一百年，就覺得兩個月很短了，但是這兩個月有可能成為改變人生全局的重要時期，當你陷入無我之境的讀書，投入其中，除了成績提高，這段過程也會獲得其他意想不到的結果。

每個人都希望得到與投資時間相應的補償與成果，而且獲得這樣的補償和結果時，感受到的成就感和喜悅，是人生中非常重要的能量泉源。就像成功也能是一種習慣，無論大小，只要不輕易放棄，一旦實現目標，成功經驗就會烙印在人的身體和心理上，所以，努力實現的人，成功的機率也很高，同理，積累了放棄經驗的人們，往往會習慣性的放棄。

面對自己取得的成果，嘗到成就感的人，即使遇到困難，也不容易崩潰，因為他們知道自己有力量能夠撐過這段艱辛的時間，雖然**努力和成就本身就是有價值的，但更重要的是可以鞏固對自己的信任，因此它是更加寶貴的財富**。

不會背叛你的K書竅門

短期內投入學習，取得確切成果的讀書方法，是從「屬於我的讀書指南」開始，人生就瘋狂這兩個月吧，全心投入雖然很困難，但是它將會帶來相應的補償。

08 隨身帶三支螢光筆和一支原子筆

在書上劃線，在空白處做筆記，摺頁邊。越是毀掉書的面孔，讀書的效率就越高。

——美國作家，蘇珊・懷斯・鮑爾（Susan Wise Bauer）

前面在講分割的技巧時，我們以目錄為中心，分割內容；掌握關鍵字來分割內容的核心。以目錄和關鍵字為主，學習大主題和次主題，以及核心內容，並且為了提高背誦效果，最好使用筆畫記。與盲目背誦相比，像這樣付出小小的努力，也可以一眼就能看出內容的重要程度，也能夠背得更快、更準確。

首先準備三支螢光筆和一支原子筆，利用這些簡單的書寫工具，能夠帶來驚人的效果。

三色螢光筆的使用方法

• 大主題用綠色螢光筆

從現在開始，我要介紹螢光筆的使用方法，你可以不用完全模仿我，我用綠色、黃色、粉紅色這三種螢光筆來念書，螢光筆的顏色根據用途，選擇自己想要的顏色即可，我用綠色螢光筆標示大主題，這樣，只看綠色螢光筆的部分，就可以一眼了解目前學習內容的大主題。

念塗有綠色螢光筆部分的內容時，在認為重要的部分、不懂的部分劃線或在空白處整理核心內容，其餘項目也在大標題上以綠色螢光筆標記，用同樣的方式念書，之後只要看到標綠色的項目，就能想起是什麼內容，必須練習做到可以順利解釋說明的程度。

這種綠色螢光筆最好與之前說明的目錄讀書方法並行，重點是先看著樹林，把大框架放在腦海中，然後背下細節內容，一開始就想背細節的話很難背好，先看森林，再看樹木，接著再看樹枝細長，依序研讀，那麼就能更加熟記內容。

• 漏掉的部分和重要的部分用黃色螢光筆

今天的基本教材念到了二十五頁，睡覺前要複習該部分，這時，以用鉛筆劃線為主，邊看邊用黃色螢光筆塗上今天念書後第一次看到的部分、漏掉的部分和重要的部分。

黃色的螢光筆可以用來標示課堂上老師說重要的部分，或者自己念書時認為重要的內容，

簡單來說，只要想成重點部分都用黃色標示就可以了，黃色的螢光筆能讓我一眼看到以前較弱的部分，很有效果。

●過幾天複習的時候用粉紅色螢光筆

用「1／4／7／14讀書法」複習時，將大量使用粉紅色螢光筆，接著終於到了第四天，讓我們來複習第一天念的內容吧。因為是幾天前看過的內容，所以即使背得再認真，也可能會有背不熟或不懂的部分，這些部分就用粉紅色螢光筆標示。

粉紅色螢光筆的另一個優點，就是與黃色螢光筆相遇會變成「橘色」，「1／4／7／14讀書法」和「三色螢光筆讀書法」並行時，最重要的部分會塗上黃色螢光筆，之後複習時，背不熟的部分塗上粉紅色螢光筆。這麼一來，重要的卻是不容易記住的內容，也就是我比較弱的部分，就變成了「橘色」標記。

用這種方式區分螢光筆的用途，就能一眼了解自己的學習狀態，此外，也可以根據各自的情況，選擇必要的部分來讀，會很有效。

我們可以更進一步，用自己的方法做標記，例如在粉紅色標記部分加上星號、在黃色標記部分加上星號，或在總是記不住跟重要的地方，加上兩個星號。

這樣做，有助於以後複習或考試前臨時抱佛腳時，只要沿著綠色螢光筆把握大主題，以用原子筆劃線或標星號的部分為核心，然後再看標粉紅色的部分，接著再看標黃色螢光筆的部分。按照每個人各自的喜好、科目特點和重要程度，賦予優先順序，那麼學習效率就會大大提升。

如果連這樣也背不起來的話，那麼加入故事情節，製作成屬於自己的背誦法，也是很好的方法。如果利用原子筆在留白處寫下重要的內容，並自己構思出故事情節和脈絡再加以記住，那麼將會更有幫助。

解決背誦問題的確認技術

① 大主題用綠色螢光筆標示。
② 漏掉或重要的部分用黃色螢光筆標示。
③ 隔幾天後複習時用粉紅色螢光筆標示。

09 五個撇步，克服線上課的不專心

態度雖然很微不足道，但結果卻有著巨大的差異。

——英國前首相，溫斯頓．邱吉爾（Winston Churchill）

正如「有考試的地方就有補習班」這句話一樣，在韓國，補習班和授課文化非常發達，而由此衍生的另一個文化，也就是網路課程也是不可或缺的。尤其是在新冠肺炎疫情開始以後，線上授課、遠距教學、網路課程都更加活躍了，如果能掌握有效利用網路課程的方法，將會有很大的幫助。

網路課程和其他課程一樣，可以想像成是從講師那裡單方面接收內容，以聽力來學習的領域，而且在聽線上課程時，我們的身心都會採取非常被動的姿態，因此，為了有效率的聽課，首先要糾正這種被動的姿態。

●手寫筆記

聽網路課程時，最重要的是要克服散漫，提高專注力。因為聽著網路課程，用鍵盤打字或摸滑鼠，很容易變得散漫，所以我推薦用手寫筆記，這樣既能整頓混亂的專注力，又能同時理解和背誦內容，有一箭雙鵰的效果，事實上聽網路課程時的專注力，還不到線下課程的一半，所以千萬不要光聽沒有任何動作。

●每聽一小時就要停下來

為了避免失去專注力，我建議每聽一小時網路課程後，要停一下再繼續聽，如果上了一節課，就是休息一下再複習，接著聽一個小時左右的課，然後休息、複習，這樣反覆的聽課更有效率。

●以一〇〇%理解的心態聽課

由於網路課程主要傳達基本教材中的核心內容，所以可能傳達得比實際內容更少，因此，我們要抱著以九〇%到一〇〇%理解和背誦老師所說的話之心態去聽，隨便聽課和這樣下定決心聽課，在專注力上會有明顯的差異，而這當然也會和成績掛鉤。

另外，在聽網路課程時，最好將周圍環境整理乾淨，這有助於提高集中力，如果在聽課時發呆，最好是站起來聽。

●網路課程一結束，馬上翻開基本教材

網路課程結束並不代表著書就念完了，網課結束後，應該立即打開基本教材，重新整理講課內容和以書本為主閱讀的內容。聽網課時，最常出現的錯覺就是，以為只聽完課程內容，就百分之百理解了全部。

但事實上，我們不能只因為聽了網路課程，就誤以為自己全部都已經吸收進去，其實如果親自解題或重新複習課程內容，就會發現其實自己並沒有完全記住，因此聽完之後，別忘了馬上複習，希望大家一定要執行「一小時網路課程→短暫休息→複習→一小時網路課程→短暫休息→複習」的聽課程序。

●一定要在網路課程開始之前解題

如果網路課程有題目要解，最好在課程開始之前先解題，或者在老師解題之前，先暫停課程影片，等解完題後再繼續聽，因為這樣不光只是跟著老師用眼睛答題，而是自己親自作答，才會有學習的效果。

網路課程的一大優點是隨時隨地都可以輕鬆學習，但缺點是聽者容易散漫，讓我們透過高效網路課程活用法，享受成績「暴衝」的結果吧，無論如何，根據自己如何利用課程，其

成果也將大不相同。

活用網路課程的方法

①用手寫筆記，而不是用鍵盤。
②重複「一小時網路課程→短暫休息→複習」的模式。
③擺脫聽一次課程就完全理解所有內容的錯覺。

10 利用題庫，強化解題技法

即使出現失手和錯誤也不要失望，因為沒有比認識到自己的錯誤更能學到經驗的東西了。

——蘇格蘭諷刺作家，湯瑪斯・卡萊爾（Thomas Carlyle）

到目前為止，我很重視翻開題庫時，要能一眼判斷出哪些內容重要、不懂的以及需要再看一遍的，讓我們來詳細了解，怎樣才能把題庫完全內化成自己的東西，並有效的加以利用。

複習時，答對的題目也要確認

我的情況是，我會在解題時，區分自己很清楚的問題、模棱兩可的問題，以及完全不懂的問題等，並用筆標示。

- 熟悉的問題：不另外標示。
- 不太清楚或模棱兩可的問題：用三角形（△）標示。
- 完全不懂的問題：用問號（？）標示。

如果是標示三角形的問題答對了，那麼就要再看一遍這些問題，因為沒有信心，對內容不太確定，所以需要再次明確的熟悉內容，如果是**答對的問題，就將三角形標示深一點，以便未來可以複習並重新思考。**

有問號的問題，如果答對了，還是要把問號標得深一點，有問號意味著自己對這個問題不太清楚，所以和前面標示的三角形一樣，要反覆多複習該部分幾次，特別是不懂的問題，更應該細心研究，看問題來確認哪些部分不懂，如果有必要，最好另外記錄在空白處。

掌握題庫時，最重要的就是答錯的題目分成四個部分：第一是「大概知道是答錯的」，第二是「不知道是錯的」，第三是「不知道是對的」，第四則是「知道是對的」。這時候除了知道而答對的問題，在複習時不用另外看，另外其他三種情況都必須再複習。

- 知道卻答錯了的問題：了解為什麼自己明明會這題，但是卻答錯了的詳細原因。（事實上，認為知道的問題卻答錯才是最糟的情況）。

- 不知道並錯了的問題：標記問號，仔細重新學習並背誦內容。
- 不知道卻答對了的問題：這種情況應該猜中的，因此在另外標示後，一定要徹底複習才行。

重新看題庫複習時也和一開始一樣，一邊確認一邊解題，這時用與剛開始不同顏色的筆來確認。複習答錯的題目時，要重新解題，如果答對了，就標示圓圈（○），如果答錯了就標記（X），然後重新複習，對就畫圈，錯就畫叉，每次念時都標示這樣能讓你分辨出，是否真的讀懂，而不是「不知道對錯但是答對了」或「之前不懂但是又答錯了」，此做法對複習題目有很大幫助，這樣反覆複習多次，直到出現三個圓圈。

如果看過這麼多次題目之後，會不小心把答案背起來，這時該怎麼辦呢？此時，就需要反覆整理內容，直到能夠說服自己這個為什麼是正確答案為止，另外還要重新整理因為什麼而導致答錯，或是造成混淆，等到自己被說服，能夠理解的時候，就標上圓圈。

已經出現三個圓圈，複習時這個問題就不用管了，因為如果已經到這種程度，表示自己已經理解並背下內容，內化成自己的東西了。

但是，解題過程中答錯、複習時又答錯，這種已經錯了好幾次的問題，就是自己的弱項，所以應該多加注意。如果同樣的問題答錯兩次或三次以上，那麼，這個問題也必須用螢光筆標記，因為錯這麼多次的問題，即使順利答對了，還是自己可能不明瞭的弱項，以後一定要再複習一遍。

考前只看螢光筆標示的題目

一天之內要複習完題庫，或是考前需要快速複習時，只是盲目的看讀過的內容，效率很低，這時，只要注意以螢光筆標示的問題。由於其他問題已經充分消化過了，所以只能取自己最弱的問題來看，這樣可以很快複習題庫，而答錯問題時，則可以單獨收集整理答錯的筆記，並增加內容。

題庫如果才解一、兩次，那就還不算是完全消化吸收，答錯的問題至少要看三次才能理解，完全內化成自己的，有兩個以上標記X的問題，要養成至少複習兩次以上的習慣，**養成這樣的習慣後，複習時就容易掌握要看什麼，也會鍛鍊到快速進行一次閱讀的能力。**

題庫內化的解題技巧

① 用自己的方式標示問題。
② 複習時，也要把對的問題和錯的問題都看一遍。
③ 考前只看螢光筆畫記部分。

11 比別人節省兩倍時間的讀書法

為浪費掉的時間後悔是更浪費時間的事。

——哥倫比亞大學英語助理教授，馬鬆·庫利（Mason Cooley）

對於下定決心念書的人來說，根據使用方式，時間可能會不夠也可能會很充裕。儘管我也下定決心要邊念書邊生活，但要想在忙碌的日常生活中，確保有充足的讀書時間幾乎是不可能的，因此，我自然而然學會了，如何將日常生活中的零碎時間用在讀書，以及如何將我短暫的時間發揮至二〇〇％。

這次我想介紹的是，比別人節省兩倍以上時間的讀書法，這方法絕對沒辦法說是正確答案，但這是我親身經歷並體會到的方法，所以推薦讀者們實踐看看，希望這個方法能夠幫助你們可以像我那樣，順利提高時間效率。

邊複習邊錄音

第一種方法是我在準備醫專所考試時，讀托福補習班時掌握到的。當時有一位老師教得非常好，我覺得只聽一遍太浪費了，所以錄下了老師的課，在睡前和搭地鐵或公車時聽。這樣反覆聽了很多遍，自然而然腦海中就堆滿了內容，我思索著這能不能被應用到更有效的學習上，才浮現了這個方法。

以我為例，睡覺前三十分鐘到一個小時讀的東西，我會用眼睛看或唸出聲音複習，這時我就會**錄下自己複習的內容，然後一有空就開始聽**。

例如一邊複習，一邊細看不同類別的大主題、次主題和細節部分，並錄下相關內容，根據主題複習，隔天上、下班或上、下學時，在大約三十分鐘到一個小時的通勤時間裡，改聽錄音檔，可以改變聽音樂或毫無作為浪費掉的時間。

即使是在無意間聽到，也可能發現不知道的部分，對這部分，我就會再翻一次書，前一天晚上複習的東西用耳朵聽，也會再產生一次複習的效果。此過程中找出不知道的東西，會產生重新複習的效果，加上這是利用原本輕易被捨棄的移動時間，所以也能節省相應的時間。透過聲音的刺激有助於提高背誦能力，穩固內容。

當時還得要另外攜帶錄音機，現在手機本身的錄音功能就很好了，隨時隨地都可以實踐，這方法雖然非常簡單，但效果很好，所以試試看吧。

我一旦開始集中精神讀書，大概會念一小時三十分鐘，然後休息十五分鐘。但在休息時間，也沒放鬆緊繃的弦，大腦全速運轉。雖不像念書時那麼投入，不過還是不要過於放鬆，因為如果突然放鬆警惕，就會打亂學習節奏，那麼恢復到原來的狀態需要很長的時間。

對學習者來說，停止思考只有在睡覺的時候，睡覺時，不管是刻意還是下意識，都不能想著讀書的事。保持緊張感也是學習好的方法之一，除了睡覺時間以外，要保持對學習的緊張感。

念得不順，就複習已經知道的知識

無論是誰，在學習的過程中，總會有注意力不集中、忍不住想偷懶、想要衝出去、不想翻開書本的時候。如果是不太想K的科目，但今天一定要K的話，不要一次性減少進度，要活用短打讀書法。

我建議分開學習，將學習的分量分成三個部分，在上午、下午、晚上一點點進行進度，如果長時間堅持學習自己討厭的科目，心裡會感到很有壓力，但只要將學習的部分分開，在短時間內一點一點的分開學習，就能減少心理負擔，不會產生太大的排斥感。

相反的，專注力下降時，我推薦一個稍微不同的讀書法，我會在此時**念喜歡的科目或知道的內容多的科目**。首先，因為知道的內容很多，所以學習不會帶來負擔，可以輕鬆翻閱書本。與其因為念不下書就浪費時間，不如把已經知道的內容再看一遍，這樣至少有些幫助。

並且在這個過程中，我發現了一個有趣的事實，令人驚訝的是，我們以為已經知道的內容，卻還是有誤解或重新認識的內容，發現這些東西時的刺激感是附加的樂趣。

二〇〇%時間利用技術

① 複習時活用「錄音」。
② 不要放鬆警惕。
③ 注意力不集中時，請複習已經知道的內容。

12 排除會妨礙你念書的障礙物

折磨我們的不是遠山，而是鞋子裡面的小沙子。

——中國諺語

讀書時專注力很重要，就算複習再多次，如果專注力不高，就很難取得良好的學習成果，即使一天到晚念書，但無法安穩坐在書桌前，一直處於亢奮或散漫的狀態時，腦海中也不會留下任何東西。

「我天生就不太能專注，有沒有可以加強專注力的方法？」即使是坐在書桌前很難超過一個小時的學生，只要掌握這個方法，就可以輕鬆集中精神K三、四個小時的書。

第一個建議是接受專注力測試，先進入YouTube或其他平臺搜尋「測試專注力」吧，那麼就會出現各種有關專注力測試的影片，其中隨便哪個都好，建議你選擇一個親自做做看。

首先，在挑戰測試的過程中，為了解答這些問題，讓我們來確認一下自己專注的時間有多長。在我看來，只要集中精力進行測試的時間就夠了，意外的是，他們會發現自己投入測試的時間很長。

先整頓環境，然後記得手機關機

很多人自稱注意力不集中，但實際測試一下就知道自己並非如此，這個專注力測試的目的，不是得到相應測試的結果，而是讓你在測試過程中，發現自己其實可以集中精力。

許多人藉由細化時間制定計畫表並製作工作清單，這樣的計畫表比沒有好得多，因為只要制定計畫，心態就會改變，但是和制定時間計畫一樣重要的是，決定那段時間的進度。

如果規定了計畫時間內能完成的分量，那麼讀到預定的進度前，一定要堅持坐在桌子前面。我直到把預定進度念完之前，都不會離開桌子，當然，剛開始並不容易，有時候會產生做其他事情的衝動，有時還得與無數的睏意戰鬥，但即便如此，經過多次的戰鬥，我就習慣了，我知道即使很累，熟悉的瞬間也一定會到來，如果現在達到預定進度，就給自己相應的補償吧。

讓自己在休息時喝個咖啡，或者透過輕微的伸展運動喚醒大腦等，哪怕是微小的補償也很重要，如此一來，不知不覺中坐在座位上專注的時間會逐漸增加，而習慣就是這樣形成的。

如果下定了決心，那麼這次就要把環境整頓好，盡力消除妨礙專注力的障礙物，創造一個有利於投入學習的環境。意志力固然重要，但環境的重要性也不容忽視。

學習時，妨礙專注的最大敵人就是手機，把手機放在桌上，在坐下的同時把手機關機，並且消除各種妨礙讀書的因素。我的情況是，如果桌子髒的話，就會念不好書，所以會開始整理書桌。

對每個人來說，能夠增加專注力，好好讀書的環境各不相同，例如，有適當的白噪音才能讀好書、用耳塞阻絕外部噪音才能念書、照明亮才能念好書等。

請找**出自己處於什麼狀態時專注力會變好，能不能把書念好，創造最佳環境。其實只要意志和環境都符合了，就能提高專注力。**

提高集中力的技巧

① 體驗一下能夠感受到自己專注力的經驗。
② 實現目標之前，不要離開座位。
③ 營造能使自己專注的環境。

第4章

不要在乎別人，你要走自己的路

01 我的自尊心，在學習裡獲得鼓勵

如果對自己失去信心，那全世界就會成為我的敵人。

——美國思想家拉爾夫・沃爾多・愛默生（Ralph Waldo Emerson）

學生時代，我會特別在意其他人，看到身邊成績好的朋友們，就會想「他好像不是很拚命念書，為什麼成績總是比我好？」、「那位朋友看過一次之後就記起來了，是怎麼做到的？」、「果然頭腦還是要好嗎？」、「難道我一直都用錯誤的方法在學習？」

韓國有一句俗語：「別人的年糕看起來更大。」（別人的看起來更好或更多），我努力到喘不過氣來，才勉強完成的事情，卻覺得別人是頭腦好，所以才能實現。不知道把書讀好的捷徑，只想著自己在繞遠路，懷抱著不安，而因為內心動搖，神經緊張，所以很難集中精力學習。但是，除了我以外，別人真的都輕輕鬆鬆取得了美好的成果嗎？

與讀書打交道二十年的我敢保證，絕對不是這樣，尤其在學習方面更是如此。如果問周遭那些常常被說「那個人真聰明」的親朋好友時，他們會異口同聲的稱自己是「努力派」，沒有人會說自己是因為頭腦好，才順利通過考試或自然而然的就把書念好。

被譽為韓國文壇巨匠的小說家趙廷來，在每次寫新作品時，都會把自己關進文章監獄裡。據說他從未違背與自己的約定，每天書寫十五個小時、二十五張以上兩百字的稿紙，甚至在寫《漢江》時，因為長時間坐在桌子前，還導致疝氣而去做了手術。在我們眼裡，以為他是天生的天才作家，但他華麗成就的背後，歷經了艱鉅的努力。

因為太在意他人，於是動不動和他人比較，結果動搖心情的人卻是我自己。當我意識到自己因心靈不夠穩固，對自己不夠有信心而產生不安，是問題的根源後，我開始環顧四周，才發現周圍人與我不同，他們只專注在自己身上。

他們似乎對周圍的人漠不關心，透過自己不懈的努力，長期以來積累了龐大的成功經驗，也積累了對自己的信任，在透過不斷的努力和成功的經驗，心志堅定的人們不會輕易陷入不安之中。

讀書的自尊心，是撐過不安的不二法則

對於現在這些生活在不確定世界裡的人們，有很多人都建議他們找回自尊心，我認為自

尊心才是讀書者的必要條件，因為前途渺茫，不能白白浪費數月甚至數年的努力，對於走投無路的考生來說，最重要的是「相信自己的力量」。

要想相信自己，必須立好「自我中心」，站在自我中心的人並不是指只知道自己的自私之人，而是一個將自己的目標、成就和工作放在重要位置，並優先照顧自己的明智之人。

我只要走好自己的路就行了，不需要在意別人，即使現在我的進度比他慢一點，但那只是一個過程，結果還要等一陣子才知道，如果著急，很容易失去自我中心，如果過分在意周遭的朋友，自信心就會下降。

「不在意別人，以自己為中心前進」，光能這樣下決心，就已經成功一半了，這是我親身經歷和切身感受到的真理。

與在乎周遭而畏畏縮縮的學生時代不同，自從我進入醫專所之後，幾乎沒有再經歷過低潮，並不是不害怕留級。在醫科裡，如果全部的科目都在平均分數以下，或是一個科目在標準分數以下，就要重修那個年級。雖然這是個大難題，但擔心留級，帶給我的只有緊張感，而且學習量非常大，我無暇顧及周遭，因此只能集中精力完成我每天的工作量和目標。

準備美國醫師執照考試時也是一樣，同事們紛紛勸阻我說：「在韓國的醫生生活已經很好了，難道非要走那條艱難的道路嗎？」

「那個很聰明的前輩，念了兩年還是落榜，根本做不到的事情，就別白費力氣了。」

打開書本就看到大量要學習的東西，確實讓人感到窒息和畏縮，沒有猜題的神預測，也沒有考古題，所以不能耍小聰明，但我沒有在意周遭其他人的視線，我只說了：「我試試看吧，如果沒辦法讀懂，那就全部背下來吧。」

以輕鬆的心態開始。就這樣，美國醫師執照考試依然是我必須學習的一個目標，但是不會感到不安或焦躁，因為我相信自己隨時都可以做到。

每天晚上走出圖書館，呼吸新鮮空氣，安慰自己「今天一天也辛苦了」的時候，那種快感讓我無法忘記。彷彿在懸崖峭壁上抓住繩索上山的考生生活中，守護我的是「自己的專注力」，這讓我只能望向自己想要爬上去的地方，並避免了東張西望、看懸崖峭壁。

要想不掉下懸崖向上爬，絲毫不能鬆懈，必須一步一步的全力以赴，以我能到達的目標，只想著往讀書這個課題前進吧，只要確信自己認真、用心，自信就會變得堅定，我相信、支持自己，即使會有失誤，但也不會失敗。

每次選擇的瞬間，多想想十年後

人生是不公平的，但是，我們只有一件事情是公平的，就是時間，每人每天都只有二十四小時。然而，每個人使用時間的方式並不相同。根據如何利用這些時間，時間就會具有完全不同的價值，而這些時間你打算怎麼分割，怎麼使用呢？

我們的一天是選擇每一瞬間如何生活的結果之延續，從早上起床穿什麼衣服、中午吃什麼等瑣碎的事情，到選擇搬家的房子、選擇科系、找工作，我們的生活都是透過選擇實現的，而這些選擇都蘊含著個人的價值觀，所以我們的選擇說明了自己是怎麼樣的人。

根據這一瞬間的選擇和如何度過每一天，將來會發生很大的變化，生活是選擇的蝴蝶效應，是早上早起洗澡，還是躺在床上偷懶到正午日出，或者是熬夜看電視劇，抑或是早上花三十分鐘讀書，這些都是我們各自的選擇，而選擇本身就應該受到尊重。

但有一點是肯定的，每天複習功課的人和不斷拖延進度的人，十年後必定會有所不同。每天早晨跑步一小時的人和睡懶覺的人，十年後的健康狀況也將完全不同。

瞬間的選擇聚集在一起，接著一年後、兩年後、三年後……試想一下，當十年過去，各自的人生會發生什麼樣的變化？然後再回到選擇的瞬間，問問自己吧，現在我要做出怎樣的選擇呢？

不會背叛你的K書竅門

每次決定現在做什麼的時候，多想想十年後，自己想要擁有的模樣吧，那麼選出有利的選擇就變得容易了。

02 嚴格遵守和自己的約定

危險來自於不知道自己在做什麼。

——股神，華倫・巴菲特（Warren Buffett）

許多心理諮商師強調，維持健康人際關係的好方法，就是保持與他人的適當距離，因為即使相處得很親近，但不侵犯對方隱祕的領域、不越界的尊重，才會形成信賴關係。但是這種保持距離，並不一定只在與他人的關係中，我認為比起與他人保持距離，更重要的是與自己保持距離。

我在這個世上最愛的人是誰呢？是一輩子照顧我的父母？還是捧在手心疼愛的子女？或是能捨命的戀人？老實說，很多時候我最愛的人就是我自己。我的父母、兄弟、老朋友都無法理解的問題，我都理解得一清二楚，今天最清楚我是悲傷還是生病，或者心情不好的人，只有自己。

我和「我」保持一點距離

因此，我們偶爾會無限寬容自己，或是過分刻薄，隨意行事，因為我和自己認識的時間，比任何老朋友或老夫婦都還要長，所以很難產生緊張的感覺。

因為今天很累，想著休息一下或者明天再做就行了，於是容易接受自己的拖延或懶惰。「因為沒有錢才做不到的」、「因為頭腦不好所以那個不行」、「體力不支了，我要放棄」等，以這種方式適當的辯解和妥協。

此外，我們會說「不能玩」、「不能落後」、「休息就輸了」這些話來訓斥自己，或以「連這些都做不到」來貶低或鞭策自己。為什麼即使最疼愛自己，也還是會隨便對待自己呢？我們要如何擺脫這種態度？

此時，**應該從第三者的視角看待自己**，如平時的習慣和行動、心理狀態、自己的優缺點和利用時間的態度等，都可以用更加冷靜和理性的態度仔細分析。而光是在腦海中回想是不夠的，重要的是**在筆記本上寫下來，像對待別人一樣，仔細寫上自我反省的內容並分析**。

我高中時期考完試之後，因為成績沒有達到理想水準，所以時常因擾於陷入負面情緒，而且由於無法輕易擺脫這種感覺，至少有一、兩個星期都無法集中精神念書，沒有享受過考完試的解放感，也沒有安慰過自己。我被莫名的擔心和煩躁籠罩，反覆著無法真正用功讀書或休息的惡性循環。

自從我意識到被負面情感淹沒，是多麼消耗人心的事情之後，我開始嘗試拿出理性，練習客觀看待「讀書時的我」。每當這時，我就會拿出紙，用字來填滿空格，不是用頭腦去理解現在的情感狀態、原因和解決方法，而是用手去寫，就是客觀看待自己。

我為什麼憂鬱？因為考試考不好？我錯了哪幾題？為什麼錯這幾道題？我不懂的部分是哪邊？缺了什麼？我以這種方式，刻意集中精力查找、分析感情和狀況裡存在之問題的原因。因為只有了解自己的不足之處，才能彌補缺點；只有了解為什麼錯，才能在下次考試中避免出現同樣的失誤，這種練習逐漸熟悉後，自己也會漸漸變得瀟灑起來。

在制定一天的行程時，如果客觀看待，就能明確看到需要投入時間的事、不需要投入時間的事以及要果斷增加或減少的事情，而且也會清楚知道要做的事情的優先順序。

對於在適當範圍內不妥協、必須遵守的目標值或一天內必須學習的分量，也能冷靜估算。如果像別人一樣保持距離，就不會被感情所籠罩，而是能夠理性、客觀的做出判斷，因此反而會拿出更多的能力。

那麼，區分需要努力和不努力的事情，也會變得明確，這也有助於改變既沒念書也沒休息，模糊度過時間的態度。被視為現代經營學創始人的世界級經營學者，彼得·杜拉克（Peter Drucker），對在經營第一線感到巨大壓力的執行長們說：「閒逛很容易，但休息很難。」

提醒人們真正休息的重要性。雖然時間很短，但只要不受任何阻礙，好好休息，專注力就會提高，如果放棄對自己寬宏大量或嚴酷的態度，就能夠好好運用選擇和集中的策略。

把自己當作重要的人對待

如果認為「我」是自己所愛的人、珍貴的人，那麼對待自己的態度就會截然不同。想想你和重要的人有約，從約定的一星期前開始，心情就非常激動，為了遵守約定，會提前完成其他事情。另外，還細心計畫當天的路線，並徹底準備穿什麼衣服、在哪裡吃什麼等，無法想像突然取消與重要的人之間的約定。

但是和自己的約定又如何呢？若無其事的延遲或違背，連一點愧疚之心都沒有，這意味著你並不珍視自己，如果你認為自己是一個重要的人，那麼你對自己的承諾，在執行力上也會大大提高，如果愛自己、重視和自己的約定，那麼一定會遵守約定，再小的事情也絕對不會輕易放棄。

到現在為止，我一直努力遵守著與自己的約定是「在零碎時間裡成為理想的我」。從住院醫生時期開始，到醫院開業以後，為了確保一到兩小時的零碎時間，在那個時間內成為自己想要的我，我一直在不斷取得小小的成就，而且一直遵守著這個約定。

如果收集零碎的時間，每天至少可以有一小時三十分鐘，我利用這段時間背英語散文，一邊學習金融理財知識，一邊樹立經濟觀念，利用零碎時間研讀經濟，讓我去年也因此賺了不少錢。

想好好利用零星時間，最好把時間分成一小塊一小塊使用，我大致上分割二十分鐘為單位使用，這樣的話，本來很容易在無意中白白浪費掉的短暫時間，也可以變得非常有用。

早上起床後，要保有三十分鐘左右的零星時間，進行冥想和讀書，上班後二十分鐘左右的空閒時間整理今天要做的事情，中午三十分鐘，回家之後約一小時，我利用這些時間學習了我的目標——經濟。

就這樣，我徹底遵守了與自己的約定，透過這段經歷，親眼目睹了我的變化，改變自己，環境就會改變，不知不覺我的生活也會發生變化。現在的我一點一點實現自己想要的東西，並積累著成就感。記住，珍視自己的人，會嚴格遵守與自己的約定。

不會背叛你的K書竅門

把自己當作愛人對待吧，當產生負面情緒時，請寫分析筆記，以便客觀的看待「讀書的我」，當感到疲憊時，請像對待生病的朋友一樣，好好休息。

03 徹底閉關，遠離人群，有用嗎？

我遇到的每一個人都會在某些方面比我出色，我從他們身上學到那一點。

——艾默生

「現在該開始準備考試了，人際關係該怎麼辦呢？我該掛掉電話潛水嗎？」

我的 YouTube 頻道訂閱者中有很多考生，因此很多人都提問到讀書時，應該如何維持人際關係。我們在家、在學校、在工作場所以及其他地方建立關係，人類是社會動物，因此被孤立將無法獨自生存，但是學習是與自己的鬥爭，需要獨自集中的時間，因此，在關係的維持上難免會出現矛盾和不和。

如果正在戀愛，時常被男朋友或女朋友指責太疏忽對方，因為念書而沒有聯絡或減少見面次數，最終分手的人也很多；如果是面對家人，就可以享受考生特權，但如果考試時間延長，就會開始說出互相傷害的話語。

朋友和認識的學長學弟也聯絡我一、兩次以上了，但很難在每個瞬間判斷出是不是會因此失去這些朋友，準備考試的日子也不是一、兩天，但以這種方式「潛水」是否正確？

人際關係沒有正確答案，但可以極簡

我在學習時，會徹底斷絕人際關係，因為我想專心讀書，快速而強烈體驗投入的效果，如果總是與朋友見面，不管怎麼樣都會讓精神比較渙散，投入讀書的進程也會被打亂。特別是在重考時期，與已經考上大學的朋友們見面一起玩的話，玩著玩著，就會想再多玩一下，讓我苦惱不已，因此當時我選擇的方法是和朋友保持距離。

但這並不意味著我的生活像孤島一樣，處於「孤立」狀態，我和處境相同的重考生朋友們互相幫助，也因為喜歡打籃球，所以每週至少會和朋友一起運動兩次。

此後，在準備各種考試時，也跟有相同目標的朋友們一起學習，以學習為中心建立人際關係。不管怎麼說，因為處於同樣的處境，相互理解的範圍也很廣，交流的資訊也很有幫助。

如果概括一下我在讀書時結下的關係，可以看作是追求「人際關係的極簡主義」，為了不要動搖讀書的環境和意志，以我自己為中心，維持了最基本的關係。以我為例，因為我一個人也可以過得好，所以就算和朋友們關係稍微疏遠了，也並不因此感到孤單或疲憊，但這只適合我，未必適用所有人。

需要透過關係獲得能量的人，絕對沒有理由必須為了讀書而斷絕所有關係，如果與周遭朋友維持適當的紐帶關係，有助於你穩定情緒，那麼在不妨礙考生生活的情況下，和好友見面也不會有問題，就像有的人在心情疲憊時，想要擁有獨處的時間，也有人透過和朋友見面聊天緩解壓力，讀書的時候也是一樣。

因此，你不須強迫自己斷絕與周遭他人的關係，我身邊有人認為，只有幾個人聚在一起念書才能提高學習效率，也有人認為，只有徹底獨白K書才能提高學習效率。另外，有人透過和朋友們見面減輕壓力，才能持續考試生活，也有人認為與朋友見面，反而妨礙學習集中。

重要的是，我們先了解自己在關係上的傾向，根據「需要」來選擇性建立關係，考試生活越短越好，沒有人願意一輩子過考生的生活，但越是這樣，就越需要根據自己的需求，來徹底的計畫行事。

如果你選擇為了閉關讀書，而暫時斷絕人際關係，對方不支持而是批判你的決定的話，那麼以後也很有可能不會互相往來，就算現在就切掉也不會有損失。

嫉妒和猜忌 vs. 尊敬和學習，關係中學到什麼

當時我的診所即將開院，因為是皮膚科，根據患者的狀況可能要動雷射手術，如果實力

能進一步提升，我對開院就會更有信心，因此正在苦思著如何好好學習開雷射手術。

我向準備開院時，認識的醫療器械公司社長吐露了煩惱，他說正好雷射領域實力最強的醫生所在的醫院在招募醫生，可以幫我介紹。

說到這位醫生，他一天能獨自治療一百到一百五十名病患，實力非常出眾，也是相關領域出最多論文的醫生，我毫不猶豫就去了那家醫院，雖然醫療器械公司社長提過，他是個「挑剔的人」，但我沒有再拖延下去的理由。

「李醫師，我太忙了，無法跟你詳細解釋，若你跟在我後面學習，沒聽到我教授什麼，千萬不要失望。」

懷著要好好學習雷射手術的抱負，第一次見到醫師的那天，他只說了這句話就突然離開了，但我相信只要以誠實的態度面對，總有一天醫師會對我敞開心扉，所以一直緊緊跟在他後面學習。

因為我知道是好不容易得到的機會，所以下定決心什麼都要學到，我的目標是「在八個月內掌握皮膚雷射技術」，就這樣往返於醫院和家裡，認真閱讀相關書籍，每天也繼續跟在該名醫師後面學習。

就這樣經過了兩年，已經超過了當初「八個月」的目標時間。開院時間越是延遲，我心裡就越著急，但我並沒有放棄，因為這是開院必備的醫療技術，有一天，在短暫的休息時間裡，我與醫師稍微交談了一下。

「李醫師不累嗎？兩年了，你應該清楚，我不會親切教導別人，你怎麼毫無不滿呢？」

「不是的，我從您身上學到了很多東西。」

「你真是個不放棄的人，呵呵。有什麼不懂的就問我吧，雖然我的性格不是很親切，但我會抽出時間給你。」

難道是我跟隨醫師近兩年的毅力和執著，打動了他的心嗎？從那天以後，醫生把他知道的一切都傳授給我了，經過長久考驗摘成的果實味道非常香甜，為了不忘記醫生教我的每一件事，我把他每一句話原封不動的刻在我的腦海，至今依然記憶猶新。

其實讀書也是一樣，到處都有比我更會念書的朋友，但必須放棄無論在什麼事情上，為了分出勝負而嫉妒「比我出色的人」、「比我有錢的人」的心情。如果我成為自己人生的中心，就不會與他人相比，認為自己不夠好。因為所有的標準都是自己，我的競爭對手也是我自己。

總有全校第一的朋友，有一位成功從事專門職業，賺到很多錢的熟人……但是想想看，羨慕或嫉妒他們，我能得到什麼？心裡不會幸福，成績不會提高，也不會賺到錢。嫉妒得到的只有負面情緒，而那種情緒會侵蝕我，最後只有自己吃虧而已。

我建議大家不要去嫉妒他人，而是要掌握那個人的優點，比起用互相比較的來製造出陰影，不如當作是發展自我的好榜樣。時常拿第一名的那位同學上課的態度如何，休息時間如何利用，他肯定有與眾不同的地方。

如果有人在自己的領域取得了成功，就不要只說他的成功，我們是否應該承認並學習，想一想他在登上這個位置之前所付出的努力。嫉妒和猜忌的心 vs. 尊敬和學習的心，其中何者會引領自己發展幸福人生？答案非常清楚。

「好」人會對你的學習帶來力量

讀書時，我雖然追求關係極簡主義，但並不否認「從人身上獲得的能量」，如果有人擁有良好的能量，那麼與他建立良好的關係也是必要的。特別是關懷心強、積極進取、充滿活力的人，不僅能為自己帶來活力，還能為周圍人帶來力量，這樣的朋友在我疲憊或憂鬱的時候，也拉我一把，所以絕對不能錯過。

這並不是說像填寫公司的資產負債表一樣，根據利害關係去維持關係，我想說的是，要和「好」人一起維持發展性、生產性的關係，如果想把書念好，就應該和書念得好的人交朋友，如果想成功，就應該和事業成功的人親近。

哈佛大學醫學社會學教授，尼古拉斯・克里斯塔基斯（Nicholas Christakis）研究組，在三十年間，對一萬兩千零六十七人的人際關係和肥胖的關係進行了追蹤調查，當某人親近的朋友肥胖時，本人肥胖的可能性增加了一七一%，這項研究調查顯示，比起家人或鄰居，親近的朋友影響力更大，原因是看著肥胖朋友的體型，「改變了對體型的想法」。

追根究柢，遇見好人、給予幫助的人固然重要，但思考從周圍人身上看到什麼、學習什麼的態度也很重要。子曰：「三人行，必有我師焉。」並不是指沒有老師，而是指如果我們敞開心扉，就能知道我們周圍存在很多能夠學到東西的老師。

不會背叛你的K書竅門

誰是能幫助你的人？誰又是對你的人生毫無助益，只會浪費你的時間的人？試著寫下來檢視，整理自己的人際關係。

04 每天改變一%，與壞習慣告別

路上總是有轉角，而轉角的另一邊，則有新世界展開去。

——加拿大作家，露西．莫德．蒙哥馬利（Lucy Maud Montgomery）

我們陷入低潮或內心總是感到不安，是因為擔心成績是否會提高，這種不安感最大的原因在於不信任自己，尤其是在讀書上沒有完成自己目標的經驗時，更容易陷入這種不安，因為沒有確認過自己能做到什麼程度。

如果考試落榜一次，這種不安感就會更大，一起讀書的朋友們中，如果有人及格了，那個人就像是坐快車，而我的人生卻好像是慢車，即使不去考試，光是聽同樣的課，也能看到比我吸收得還快的人。

我不禁會想：「為什麼我學得這麼慢。」制定計畫後，如果幾天都沒能遵守，就會輕易斷定自己「我本來就沒希望」。

越是這種時候，越不能被自己的過去束縛，要徹底區分過去的我和嶄新的我，然後重新開始。過去的我愛睡覺、懶惰、找各種藉口，違背與自己的約定，除此之外，還有很多問題。但那些東西可以一個一個的修改，只要用讀書的自尊感來調整心態，誰都可以改正缺點。

一天改一%，一百天不見壞習慣

我在考生時期，每天努力改善我一%的缺點，如果要一次性改正，不僅心理壓力很大，而且只靠意志力很難獲得成功，因為長期固定在我身上的壞習慣發揮慣性，拒絕變化，會想要回到原來的樣子，與壞習慣告別也需要時間和策略。

如果很難清晨起床或頻繁遲到，該怎麼辦呢？要一個早上八點睜不開眼的人，突然得在凌晨五點起床並不容易，在這種情況下，只要稍微做出一點改變，例如，不是一次提早兩、三小時，而是將起床時間提前十分鐘讓自己的身體無法察覺變化，就能改善缺點。

就這樣實踐一星期左右，覺得還可以就提早十分鐘，覺得還能接受就再提早十分鐘。每週只需要提前十分鐘起床，一百天後就能提前兩個多小時起床了。

每天改變一%，完成一〇〇%需要一百天左右，養成習慣至少需要一百天，所以我建議大家不要太貪心，練習補足自己一%的缺點。

過去的我時常失約，但現在的我能夠守約；過去的我常常閱讀失敗，但現在的我每天看書至少三十分鐘；過去我每天晚上都喜歡吃夜宵和暴飲暴食，現在晚上七點以後，就不再吃東西了。

我們可以完全改變。因為本來就沒有一成不變的事，我過去慣有的壞習慣，沒有必要延續到現在的我，**如果說現在我決心要改變自己，做一個嶄新的人，就應該和昨天的我宣布分手，徹底忘掉總是將我引向失敗方向，有壞習慣的我，然後去見見新的自己吧。**

很多考生最怕的就是對成績和錄取的不安，只有消除這種不安，成績才能提升，也才能消除對落榜的恐懼心理。為此，設定不同的目標和目的，將會有所幫助。

我把現實中可以實現的小目標稱為里程碑，它可以確認我的最終目標是否正確，而且藉由達成里程碑，漸漸接近最終目標，也可以使我們安心。舉例來說，當我們樹立了「參加十公里馬拉松比賽跑完全程」的宏偉目標，那麼為了實現這個目標，我們需要做好準備，這些準備就是現實、具體、詳細的小目標。

首先為了鍛鍊身體，要進行基礎體力運動，「今天要在五分鐘內跑完一公里」、「明天要在四分三十秒內跑完一公里」等具體目標並制定計畫，因為只有制定實現最終目標的具體設計圖，實現目標的可能性才會提高。

我每年都這樣設定最終目標和實現目標的詳細目標。在去年，我的診所經營趨於穩定，我樹立新的目標：重新學習英語、能順暢的跟外國人對話，為了實現這個目標，我接著設定學習英文文法、閱讀英文作品、結交英文會話朋友等每月計畫，即設定了里程碑，並跑到了目標地點。

因為很久沒碰英文了，所以我決定先重新研讀文法。一到三月背誦英文多益文法；四到八月背誦五十個英文散文；九到十二月為了練習英文會話，要交到外國朋友進行實際對話等具體目標。

雖然目標是自由交談，但要想取得真正的成果，按部就班很重要，因此制定了相應的目標和實施計畫。

學習一種運動時也是一樣，如果學高爾夫球，就先透過書本熟悉基本理論，並逐一練習打高爾夫球的動作，再走向實戰。因為不管是什麼，只有基礎牢固，才能毫不被動搖。制定大目標、制定詳細目標後實施的重要原因就在這裡。

設定了相對容易的里程碑，並時常讓自己完成這些目標，就能嘗到成功的甜頭，積累這些小小的成就經驗，賦予了自己動力，那麼學習會變得快樂，邁向更難的任務或更大的目標挑戰時，也會變得容易起來。

某研究報告顯示，成功的經驗像基因一樣，會逐漸累積到我們的細胞中，經歷很多小成功的人，獲得巨大成功的機率會提高。

「讀書這麼刻苦，如果考不上怎麼辦？」，「這次落榜就要入伍了，怎麼辦呢？」坐在書桌前也念不下書，這時要暫時忘掉大目標，制定可以實現的小目標。

「我這次考試時，從頭到尾只看一次基本教材」或「這次考試時，再提高一個名次」等，樹立一個可以實現的小里程碑即可，實現小目標，以成功為墊腳石，邁向更大的目標。

即使樹立一個小小的里程碑，每個人至少都會經歷一次低潮，我記得自己在重考時也遇到了很大的低潮，很痛苦。

那麼，為何會出現低潮？第一，剛開始讀書時的充沛活力無法持續，這與激素有部分關係。制定目標、計畫，補充能量而全力衝刺，腎上腺素就會噴湧而出。但人不可能一直保持這種高能狀態。如果每天重複同樣的模式，分泌的荷爾蒙也會減少，類似重複的日常生活也會變得令人厭倦，這樣一來，就會慢慢湧上對成績和及格的不安感，從而導致陷入低潮。

第二，當人盡了最大的努力，卻沒得到相應的補償和結果，本來就會很不安，在這種情況下，如果考試成績又下降，就會陷入低潮，情緒也跟著一落千丈。

這些問題是每個人都經歷過的，但也有一些人因為對考試的認知錯誤而更加痛苦，**考試只是評估你學過多少東西，但就好像自己的價值被打分一樣，考試得了六十分，並不代表你就會成為六十分的人。在這種情況下，首先要改變對考試的認知，考試只是一個機會，讓我找出自己知道什麼、不知道什麼，以便自己有更大的進步。**

我也會面臨偶爾出現的低潮期，但在經過深思之後，終於找到了克服困難的方法。首先是詢問比我更會讀書的朋友，這個方法很有效果，聽到朋友們的建議後，覺得已經盡了全力的我自己感到羞愧，產生了「原來我的努力還很不夠」的想法。

也就是，雖然盡了全力，但不是結果不好，而是因為努力不夠，所以自認結果不好的話，那麼只要更加努力就可以了，沒有理由感到挫折。

另一種方法是休息，念不下書時，就不要太貪心，讓自己認真讀書一個小時，按照目標念書，如果發現還有力氣能多念一、兩個小時，就再多念一點，不然乾脆休息半天，千萬不要不停催促自己，為了奔馳下去，我們也需要儲備力量的時間。

在疲憊或注意力不集中時，適當休息反而是防止低潮的方法。我一週會有半天在白天睡午覺，也會洗半身浴讓自己帶來甜蜜的休息時間，那麼第二天就可以用清醒的精神和健康的身體投入學習。

固定時間就寢，找出適合自己的睡眠時間

為了保持健康的精神和體力，集中精力學習，最重要的是要睡好覺，根據我們的睡眠品質，隔天的狀態也會完全不同。睡眠不足或睡眠品質低落的話，就會變得格外敏感，注意力也會變得分散，情緒也會變得低落。

提升睡眠品質的方法有很多，最重要的是每天盡量在一定的時間就寢，確保適合自己的充足睡眠時間。

假設每天十二點睡覺，就練習不依靠鬧鐘起床吧，如果你認為自己睡眠充分的話，那麼

可以看看在白天活動期間，有沒有出現疲勞感或睡意襲來的情況，若沒出現這種狀況，那就可以說這是適合自己的睡眠時間，嘗試三至五天之後，就可以得出自己的平均睡眠時間。

另外，**養成在床上不看手機和電視的習慣也很重要**，這是為了讓大腦在潛意識中也能認識到床是一〇〇%睡覺用的空間，就像抽出時間進行管理一樣，空間也要根據自己的作用進行管理，如果習慣在床上玩手機遊戲或做其他事情，大腦就會記住那份樂趣，接著在上床睡覺的瞬間，大腦裡就會分泌多巴胺，導致無法分泌入睡。

想要提升學習效果，睡眠時間極為重要。我平常的睡眠比較充足，從考試前兩週開始，就會逐漸減少睡眠時間，但不管發生什麼事，每天至少都要睡五至六個小時。

我們常會在考試當天念到凌晨兩點，小睡了一會兒之後，凌晨五點左右又起床念書，然後上了考場。但即使減少睡眠，考試前一天也至少要睡二至三個小時，因為如果連那幾個小時都不睡，考試時反而會無法集中精神，雖然每個人的生理時鐘都有所不同，但我不建議大家在考試前一天熬夜。除了這些清醒著的時間以外，也要管好入睡的時間，因為睡眠品質會決定清醒時間的狀態。

當我們這樣長時間讀書，內心就會產生不安，和一起讀書的某人比較，貶低自己努力的價值，很容易陷入低潮，但越是這時候，越應該將視線放到自己所能做的事情上，既要樹立目標的小里程碑，也要準備一些可以安慰疲憊的自己的時間，一個回顧自己的小小習慣，總有一天會成為平息不安的強大武器。

不會背叛你的K書竅門

把一百天的每個一%聚在一起，改掉一個想要改掉的習慣。為了樹立目標分數或合格的大目標，就跟隨這一百個里程碑前進，讓我們把分割的技巧，運用並實踐到思想轉換和每天的計畫中。

05 我人生中第一輛法拉利的啟示

不要把自己和這個世界上的任何人相比，那是侮辱自己的事。

——微軟開創人，比爾．蓋茲（Bill Gates）

三十一歲時，我買了人生的第一輛法拉利，對從小就是汽車愛好者的我來說，法拉利是名副其實的夢想之車，是向著人生目標奔跑而苦盡甘來的補償。當時買法拉利的價格是五億韓元左右，我想這是為實現夢想而努力的二十多歲年輕人，在社會和經濟上打下堅實基礎的標誌。

但是不知道為什麼，買了法拉利之後過了三個月，喜悅感就消失得無影無蹤，邊際效用（marginal utility）的遞減法則似乎也適用於我。三個月以來，我彷彿像是實現夢想般翱翔在天空，但三個月過去，幸福感不斷下降。

儘管如此，由於法拉利對我而言，意味著夢想、成功、補償、禮物、幸福等意義，因此我還是開了兩年法拉利。

回顧這段時光，我認識了許多人。買完法拉利之後，讓人產生是不是有「法拉利種姓」的錯覺，就像是拿到頂層公寓的入場券一樣。但諷刺的是，當我認為法拉利再也不能給我帶來幸福感，於是把車賣掉之後，那些因法拉利結下的緣分也一個接一個消失了，沒過多久，幾乎全都消失了，因為那些緣分不是我的價值，而是汽車的價值。

透過居住的區域或公寓社區來區分朋友的社會問題，雖然我在新聞中聽過很多次，但一輛車就能左右人際關係，也真是令人無語。當然，也是有些始終如一的緣分，但當時親身體驗了只看排場的冷酷現實，同時感受到了人際關係的虛脫感和失落感，這也成為了我人生的第二個轉折點。

再次迎來人生的轉折點

我當時下了這樣的決心：「不要用虛張聲勢的價值來包裝自己，要提高真正屬於我的價值。」送走那部法拉利之後，我開始更加專注於自我發展，努力讀書或學習來充實自己的內心，也在那時候開始認真思考「以後我該做什麼事情來維持生計呢？」這個問題。

我認為在提高我自身價值的方法中，沒有比讀書更好的辦法了，我有很多想了解的、想學習的，但是從現實角度來看，不可能一一向相關領域的專家學習。此時，**沒有比書本更好的老師，書籍的購買費用不高，隨時隨地都可以翻開閱讀，也可以反覆複習。**

透過書本來積累間接經驗，成為知識基礎，以後親身經歷時便可以更快掌握，我還透過書本，學習了內容企劃和影片編輯、紅酒、高爾夫等，不僅如此，甚至還閱讀了音樂、藝術、歷史等多方面的書籍，積累了許多知識，也作為興趣愛好來享受。

因此，在社會上與更多的人深度接觸的事也越來越多，紅酒是紅酒，音樂是音樂，從共同關心的事情當作切入點，對牽引好的緣分和擴大人際關係也有幫助，透過和不同的人見面，感受到了接觸新世界的快樂，也拓寬了我的生活範圍，讓我成長。

世界級投資家華倫・巴菲特在賓州大學華頓商學院念書時，早已透過自學對投資和經濟擁有相當程度的知識，後來讀到價值投資之父班傑明・葛拉漢（Benjamin Graham）的《智慧型股票投資人》（*The Intelligent Investor*）後受到了相當大的衝擊，從那時起便將葛拉漢奉為自己的精神導師，甚至在考入哈佛大學商學院後，他還考上了葛拉漢授課的哥倫比亞大學商學院。雖然他看起來似乎有投資天分，但其實是因為有超越投資的探究心和執著，才存在今天的巴菲特。

我們不能單純只追求金錢或名譽，應當提高自身的價值，透過堅持不懈的努力，不斷學習，學得自己想要的東西，不知不覺就會見到發展起來的自己。如果我能成為自己真正想要的樣子，即使沒有法拉利也會幸福，因為這是法拉利帶給我的三個月幸福無法比擬的。

抓住目標向著夢想奔跑吧

我從小就想成為救人的胸腔外科或內科類的醫生，但是當我真正成為一名醫生，面對現實，看著我曾渴望的領域那些醫生們如何生活時，才發現與想像中的截然不同。他們幾乎過著沒有自己和家人的生活，寄宿在大學醫院，只為病患而活。

看到那個樣子，我陷入了深深的苦惱：「我真的能像他們一樣生活下去嗎？」、「這個工作真的適合我嗎？」作為醫生的使命感固然重要，但也需要冷靜判斷自己能不能勝任，我沒有信心像他們那樣，以犧牲奉獻的姿態生活下去，所以我決定去皮膚科。

長大成人後，每天有六〇％以上的時間在工作。無論什麼事情，只要有興趣就會提高效率，如果一輩子要做的事情是不快樂的，那麼人生就會成為大不幸。**小時候夢寐以求的事情，如果真的去做的話，也有可能與自己志趣不合，看似不想做的事情，如果真的做下去，也會成為有趣的事情**。

尋找自己喜歡的事情和做自己喜歡的事情是件好事，但不能只看外表華麗的一面而做出選擇，任何事情的背後都有辛勞和痛苦的部分。

雖然很多人只想著靠整容手術，來擁有一張變漂亮的臉蛋，但並沒有考慮手術前的準備過程，和手術之後需要注意的部分，以及未來艱難的復原過程。

像是「想成為像朴智星一樣帥氣的足球運動員」、「金妍兒太帥了，我也要參加花式滑冰」這種單純的思考方式，絕對無法接近職業目標。醫生應該先考慮自己喜歡和擅長的事情，而不是因為自己會賺很多錢，或是公務員是一輩子的鐵飯碗等表面上的思考，為此，我們有必要徹底事前調查這些事情。

事前調查的第一步是先學習相關領域的知識，無論任何事，粗淺的想法和實戰都大不相同，所以我想勸大家在做自己喜歡的事情之前，先去體驗一下那個領域的事。只有親身經歷，才能確定是否適合自己，自己能否做好這份工作，而且透過事前學習，積累基礎後再挑戰的話，就不會有恐懼感，也會更加積極挑戰。

但這時有必要區分夢想和職業的目標。在職業上，設定明確的目標，並根據目標分階段徹底實行是非常重要的。但夢想並非如此，無論我能否實現夢想，我心中都存留著滿滿的熱情，這與以實現為目的的職業目標不同，因此在懷抱著夢想所帶來的幸福感的同時，放棄目標帶來的壓力吧，讓我們盡情享受夢想，以及為此而努力的本身吧，這是獲得幸福的方法，也是珍惜自己的人生。

其實我有一個很大的夢想，就是我想在去世時，聽到「那位老師死了，就像一座圖書館被燒掉了一樣」的話，我想成為積累更多的知識和經驗，並分享這些知識的人，因此我當 YouTuber、寫書也是實現夢想的過程之一。

尋找隱藏在日常生活中快樂的幸福

一早起來喝上一杯熱乎乎的咖啡，每天澆水的花盆裡的花開得很漂亮，心情鬱悶時有能傾訴的朋友等，仔細想想，就會發現周圍有很多給我們帶來快樂或感恩的事情，只是我們沒有發現，仔細觀察珍惜自己的人們的特徵，就會發現日常生活中遇到的那些微不足道的喜悅，是能夠時常享受到的。

我很高興做了YouTube影片，這讓我有機會與訂閱者見面，將讀書時領悟到的方法分享給他們，我也感謝這些事能給予別人幫助。每當看到訂閱者傳信件來說，準備很久的考試終於及格並分享好消息，或是在我那沒什麼了不起的影片下寫出珍貴評論時，我的內心深處就會感到很激動，透過訂閱者的反饋，聽到他們說因此得到幫助的好消息，就像我自己的事情一樣高興。

此外，幫助他人成長的事情，最終也會連結到我自身的成長，因此也更加感到幸福。不僅如此。有時我在診療過程中和病患們聊一些小話題，有時也會聊一些人生的話題，這樣病患就會產生親近感，診療意識也會提高，與醫生對病患的普通醫病關係不同，可以獲得更全面的資訊，當然也有助於診斷和治療。

工作中接到孩子的電話，對我來說也是一股能量，我聽到手機另一端，問候我「爸爸什麼時候回來」的孩子聲音，就會不由自主的露出微笑，工作過程中積累的疲勞瞬間消失。

日常生活中處處感受到的那些小小喜悅聚集在一起，就會化為一份巨大的幸福。如果用不滿的眼光到處找碴，就會發現很多不順心、令人煩躁的事；但若懷著感恩之心看待，周圍就有很多值得感恩的事情和感恩的人，最後我會被好的情感所包圍。

尋找快樂也需要練習，但是，比起尋找快樂，我們更習慣於尋找讓自己煩躁、心情不愉快、不安的事情。小時候，因為天氣預報說明天可能會下雪，所以非常期待，甚至睡不著覺，但是不知不覺間，我卻成了擔心上下班路程而皺眉的大人。

從現在開始，不要將視線放在不好的、煩躁的事情上，讓情緒變得負面，我們應該將視線轉向尋找好的、感謝的、快樂的方面，即使是刻意的，也要去找出一點小小的快樂，並盡情享受。

那麼在不知不覺間，原本沉重的肩膀也變輕了，疲憊的心也感覺舒坦了，幸福並不是像中樂透一樣，某一天會突然從天上掉下來，而是要努力種幸福的種子，辛勤澆水和讓陽光照射，用心才能發芽，快樂和幸福都源於自己，只要我們有能夠發現它的心。

就像這樣，讀書的人有必要下定決心相信「我是珍貴的人」，雖然外表不夠華麗，但渴望學習的人內心永遠是堅實的。從今天開始，讓我們向著自己喊出「我是珍貴的人」吧。

即使不與其他人比較，也能發現自己的價值，不失去夢想，朝著目標一直努力，成為一個懂得日常生活中小小快樂的「珍貴之人」，這樣我們就能擁有不會動搖，難以侵犯的堅實內心。

不會背叛你的K書竅門

外表帥氣並不代表內在充實，光看外表，苦讀的我可能比任何人都顯得寒酸，但我不是度過了比任何人都還要珍貴的一天嗎？在確認著今天自己有沒有認真完成計畫的夜晚，對著鏡子，發現充滿自信的自己吧。

06 不要輸給懶惰，你的努力不會背叛你

失敗的人不是失敗者，放棄的人才是。

——德國作家，讓・保羅（Jean Paul）

我今天比昨天更努力，明天也將比今天更努力，哪怕只有一步，透過閱讀各種書籍，把成功人士當作榜樣接受指導，在這個過程中，我了解到只要珍惜自己、支持自己，就會獲得相應的結果。

那麼，為了打造更加進步的我，需要做哪些努力呢？

懶得聽任何建議，你會錯過改變的機會

首先要降低學習的姿態，想要學什麼的時候，任何建議，都要以開放的心態去聽。最應該警惕的是「你說的我都知道」或是「不，跟我知道的不一樣，我才是對的！」如果盲目相信自己所知道的東西，別人的話就會聽不進去，好話也會變成耳邊風，你當然不會有改變，也不會有進步。

身邊教唱歌、畫畫、運動的講師們常說，比起有經驗的人，處於完全空白狀態的人吸收力更好，因為他們認為自己什麼都不知道，所以從最基本開始就帶著有條不紊的心態學習，並且也會毫無偏見的接受講師的指導進行練習。

相反的，只學過一點點或是學錯了的人，學習能力會比較差，會出現更糟糕的結果，這與富蘭克林的話不謀而合，他說：「只會三腳貓功夫的人，比什麼都不會的人還要愚笨。」

世上沒有什麼都懂，什麼都做得好的人。雖然讀書沒有我厲害，但我的朋友在運動方面卻出色得多，或者即使我是某個領域的專家，也會有和我擁有不同知識、不同見解的人，所以無條件排斥是不對的。

雖然我也是醫生，但病患在講述在其他醫院接受治療的經歷、藥物副作用的經歷或書中閱讀的內容時，我也會盡量以開放的態度去傾聽。這時如果以「身為病患的你，怎麼可能比身為醫生的我還要更了解」這種態度輕視病患，或者無條件主張自己是對的都不應該，因為

即使是醫生，也不可能百分之百知道病患個人的疾病史或症狀。另外，在治療過程中出現的反應，每個病患也都不同，因此，必須仔細傾聽病患所說的話。

在這個過程中，能發現有沒有自己錯過的東西，有沒有其他例外的事例，並學習和掌握這些資訊。丟掉「只有自己是對的，只有我才知道正確答案」的自滿心理吧，狹隘和自滿才是阻礙變化和發展最可怕的陷阱。

自滿和自尊雖然只有一字之差，但意義上卻天差地遠。我們要愛護自己，但也要不失謙虛，真正的自尊就來自於此。

不要炫耀那些不必要的自尊心，這是我在堅持學習，建立人際關係時學到的教訓。對待事情也一樣，真正充滿自信的人，絕對不會炫耀自尊心，即使是家人或朋友之間，也會有對話時傷到自尊心的時候，即使那時情緒急躁，也要暫時讓心情平復，忍住怒氣。

如果對方是故意傷害自己，就應該告訴對方不要踩自己底線，但如果不是這樣，我們就不應該感情用事，而是應該休息一下。

偶爾親近的人給出的殘酷建議，比任何補品都更有幫助。如果有人指出了自己的缺點，在反駁「你憑什麼說那樣的話」之前，讓我們先客觀思考一下，自己是不是就像對方指出的那樣，真的有那種面貌，也許自己不知道，或是不想承認的致命缺點，但這個缺點是不是讓其他人很痛苦呢？保有回顧自己的時間，對於自我發展是必不可少的。

這也與傾聽的態度相通，我曾聽過這句話：「說話是知識領域，傾聽是智慧領域。」上課時間集中精神、認真傾聽的學生，能掌握住自己不知道，以及需要補完的部分，從而提高成績，而在討論中，傾聽對方話語的人，可以找出邏輯上的漏洞，進行尖銳的攻擊。

傾聽和深思熟慮的態度不僅學習上，也是能夠引導整個人生邁向成功的核心態度。

一般人的早晨，時常是關掉幾次鬧鐘後才好不容易爬起床，腦子裡也是一片茫然狀態。昨天沒來得及寄出的電子郵件、昨天想念卻不了了之的K書進度、要準備今天的會議資料等，雖然工作和要做的事情錯綜複雜，但一睜開眼睛就已經處於疲憊狀態，同時也會發現自己拿著手機習慣性打開社群軟體，在別人新上傳的文章中點讚。

每天起床，花十分鐘思考一天日程

如果早上是這樣雜亂無章的開始，那麼一整天就會忙得不可開交，不僅時間管理效率不高，而且也難以消除心理上的疲勞，所以我在開始新一天的上午先調整心態，用十分鐘左右思考如何度過新的一天，可以說是為充實度過一天的大腦預熱時間。

我通常遵循睡滿六小時三十分鐘，但不固定早上起床的時間。早上起床之後，喝杯醋飲並聽著音樂冥想，不吃早餐。任何事的開始都很重要，如果一天的開始是亂七八糟的話，那麼接下來也都會亂七八糟。

相反的，如果堅持這樣固定的早晨程序，以整頓好的狀態開始，那麼對待這一天的態度就會發生變化。

結束一天的時候也是一樣，想著今天發生了什麼事情，自己有那些沒做好，明天又要做些什麼，所以我睡覺的時候會想想這些。這時候看看日記，仔細檢查一下一天的工作，把該反省的和該改正的也銘記在心。

這樣第二天早上醒來時，就能以輕鬆的心情起床。我不僅是看著日記檢查一天的事情，偶爾也會翻看幾年前的日記，反思當時的情況，我時常重複此過程，所以連幾年前做過的事情也記憶猶新。

像這樣檢查過去的人生軌跡，對未來的人生應該如何生活指出方向，這一點是非常重要的，因為也可以透過這個來看到自己人生的整體走勢，知不知道這件事，將會影響你對待整個生活的態度。

我們最應該小心的是自己的懶惰，人們總是有對自己寬容的習慣，因此，總是會將今天要做的事情推遲到明天，總是抱著「這樣就夠了」的想法，在適當的範圍內妥協，這樣當然很難實現自己的目標。

我也是人，偶爾自己也會對 YouTube 影片拍攝工作疏忽或怠惰，每當這種時候，我就會看其他 YouTuber 的影片或看書，重新激勵自己。看到這樣的我，有人會問：「人生只有一次，為什麼要活得那麼緊湊？」

每當此時，我都會回答對方：「因為我心裡有優先順序。」我認為時間比金錢重要，健康又比時間更重要，因為錢隨時都可以賺，但時間是有限的，不是想要多少就有多少，正因為有這樣的人生優先順序，我才能過上比任何瞬間都更努力的人生。

此時此刻，也有無數的人們與自己激烈戰鬥，並戰勝了自己，只要想到世上有這樣的人，就會再次打起精神。學習著什麼，受到一些刺激，這種發展自己的過程中，讓我感到很快樂，因為我喜歡不斷成長的自己。

人生中為了品嘗成功，第一階段是克服自己的懶惰，改變自己才是我的意志。成功哲學大師拿破崙．希爾（Napoleon Hill）說：「忍耐、毅力和艱苦的努力，是帶來成功所向無敵的不敗組合。」

雖然這話聽起來很太理所當然，但有時因為太過理所當然，而常常會忽略或者沒有付諸實踐，當我們重新回顧那些理所當然的話，並銘記在心裡確切實踐時，那麼努力絕對不會背叛我們。

不會背叛你的K書竅門

若一天的開始是好的，那麼這一天就順利了；若一天的結尾是好的，那麼第二天的開始也會是好的。每一天再加一百天，就會見到更好的自己，所以牢記現在的我會比過去的我更好，活在今天吧。

結語
世上沒有比學習更正確的東西

二〇一九年的冬天特別寒冷，振奎發來的信件讓我至今依然記憶猶新，從 YouTube 頻道的訂閱者們那裡收到的郵件裡，唯獨振奎的郵件閃閃發光。

身為隱居型孤獨者度過青少年時期，剛步入二十歲的振奎，他的心情如何呢？振奎的信件中訴說著他想擺脫迷茫的現實，挑戰學習，每個字句都流露出懇切的意志。

雖然連拼寫法都常出錯，文筆也不好，但這篇文章蘊含著振奎那懇切的心，非常美麗。因為這份懇切觸動了我，讓我遇見了他，為了讓振奎擺脫把自己關起來的小房間，讓他能夠一步步邁向更寬闊的世界，我到現在仍給予他無私的鼓勵和掌聲。

每當想起振奎的信件內容，我就會憶起我過去艱難的時節。因為父親擔保失敗，家裡只有陣陣嘆息聲，氣氛也總是很沉重。當時我還只是國中生，連想買一本新書都說不出口，滿腦子想的都是：「為什麼只有我活得這麼苦？」、「為什麼要在這樣的環境下學習」這些不好的東西。

當時改變我的，是發自內心深處喊著「不能再這樣生活了」的悲鳴，因此我決定擺脫我的現實，父母毫不吝嗇的給了我堅定的信任和支持的眼神，光憑父母對我的信任，就給了我很大的動力，因此，我才能夢想成真並活到現在。

向著目標努力前進的人需要有相信自己的人，我有父母，現在振奎有我。振奎開始念書十個月後，他的多益成績超過了八百分，現在他朝著自己訂下的「進入醫科」這個目標開始了新的學習，向著目標前進。

如果讀書讀得太累，想要放棄的時候，希望你們別忘記有我在為你的努力加油，我相信努力學習的我們，都能成為彼此的支柱，如果還是覺得沒力的話，那就相信在艱難的情況下也始終沒有放棄，一直走到現在的自己吧。

世界上沒有比學習更正確的東西，只要找到屬於自己的讀書方法，努力用功到超越一切，那麼及格之門就會打開了。

我也做到了，振奎也做到了，當然你也可以，只要你心懷殷切盼望，直到實現目標，那麼你終究會做到。而我想對這個即將笑著看見又多成長了一點點的你，說聲加油。

國家圖書館出版品預行編目（CIP）資料

不會背叛你的K書竅門：只要14天，再弱的科目都有救。韓國考生最推崇的讀書導師分享：大學、研究所、國考、證照考必備！／李相旭著；楊筑鈞譯. -- 初版. -- 臺北市：大是文化有限公司，2022.05
224面；17x23公分. --（Think；236）
譯自：절대 배신하지 않는 공부의 기술
ISBN 978-626-7041-92-5（平裝）

1. CST：學習方法　2. CST：讀書法

521.1　　　　110022521

Think 236

不會背叛你的 K 書竅門

只要 14 天，再弱的科目都有救。韓國考生最推崇的讀書導師分享：大學、研究所、國考、證照考必備！

作　　者／李相旭
譯　　者／楊筑鈞
責任編輯／江育瑄
校對編輯／陳竑悳
美術編輯／林彥君
副 主 編／馬祥芬
副總編輯／顏惠君
總 編 輯／吳依瑋
發 行 人／徐仲秋
會　　計／許鳳雪
版權經理／郝麗珍
行銷企劃／徐千晴
業務助理／李秀蕙
業務專員／馬絮盈、留婉茹
業務經理／林裕安
總 經 理／陳絜吾

出 版 者／大是文化有限公司
臺北市 100 衡陽路 7 號 8 樓
編輯部電話：（02）23757911
購書相關諮詢請洽：（02）23757911 分機 122
24 小時讀者服務傳真：（02）23756999
讀者服務 E-mail：haom@ms28.hinet.net
郵政劃撥帳號：19983366　戶名：大是文化有限公司

法律顧問／永然聯合法律事務所
香港發行／豐達出版發行有限公司 Rich Publishing & Distribution Ltd
地址：香港柴灣永泰道 70 號柴灣工業城第 2 期 1805 室
Unit 1805, Ph. 2, Chai Wan Ind City, 70 Wing Tai Rd, Chai Wan, Hong Kong
電話：（852）21726513　傳真：（852）21724355
E-mail：cary@subseasy.com.h

封面設計／林雯瑛　內頁排版／林雯瑛
印　　刷／鴻霖印刷傳媒股份有限公司

出版日期／2022 年 5 月初版
定　　價／新臺幣 390 元（缺頁或裝訂錯誤的書，請寄回更換）
I S B N／978-626-7041-92-5
電子書 I S B N／9786267123119（PDF）
9786267123171（EPUB）